高等职业教育公共基础课系列教材

职场应用文写作

郭青春　主编

电子工业出版社
Publishing House of Electronics Industry
北京·BEIJING

内 容 简 介

应用文写作是一门实践性很强的课程。本书主要介绍了求职类应用文、事务类应用文、会议类应用文、公文类应用文和传播类应用文的基础知识及其写作方法。其中，每一类应用文都按照该文书的写作过程，由情境导入、训练指导、示例、实战演练环节组成。读者不仅可以从中学习到理论知识，还可以掌握可供实际借鉴的写作规划、方法和技巧。

本书既可作为高职高专院校专科应用文写作课程用书，也可作为在职人员学习应用文写作的参考用书。

未经许可，不得以任何方式复制或抄袭本书之部分或全部内容。
版权所有，侵权必究。

图书在版编目（CIP）数据

职场应用文写作 / 郭青春主编 . —北京：电子工业出版社，2022.4
ISBN 978-7-121-42521-9

Ⅰ．①职⋯ Ⅱ．①郭⋯ Ⅲ．①汉语—应用文—写作 Ⅳ．① H152.3

中国版本图书馆 CIP 数据核字（2021）第 270523 号

责任编辑：胡辛征　　　　　　　　　　　特约编辑：田学清
印　　　刷：北京盛通数码印刷有限公司
装　　　订：北京盛通数码印刷有限公司
出版发行：电子工业出版社
　　　　　北京市海淀区万寿路 173 信箱　　邮编：100036
开　　本：787×1092　1/16　　印张：12.75　　字数：294 千字
版　　次：2022 年 4 月第 1 版
印　　次：2024 年 8 月第 2 次印刷
定　　价：55.00 元

凡所购买电子工业出版社图书有缺损问题，请向购买书店调换。若书店售缺，请与本社发行部联系，联系及邮购电话：（010）88254888，88258888。
质量投诉请发邮件至 zlts@phei.com.cn，盗版侵权举报请发邮件至 dbqq@phei.com.cn。
本书咨询联系方式：（010）88254361，hxz@phei.com.cn。

前　言

大学阶段的语文能力培养，一般来说应包括阅读鉴赏能力和应用文写作能力两个方面。大学低年级开设的大学语文课程，倾向于提高学生的审美能力、文化素质和精神品格，往往很少涉及应用文写作。然而，我们正处在信息化、数字化、全球化的时代，知识、信息更新速度快。如何学习、创新知识，准确、高效地处理信息，成为摆在即将步入社会的大学生面前的重要挑战。侧重处理信息材料、写作实用文章的应用文在人们日常生活、学习和工作中使用范围广且频率高，其地位和作用日益突出。从党政机关、企事业单位、社会团体的日常工作、高校学生的毕业论文、公务员考试，到网络、手机等新媒体应用场景都离不开应用文写作。能否得心应手地撰写应用文，已经成为衡量一个人工作能力的重要标准之一。作为社会"生力军"，大学生只有善于利用语言文字来对现实的信息材料进行合理加工，善于按照各类应用文的写作范式、要求撰写应用文来解决实际问题，才能使自己的生活、学习和工作更加顺畅，有利于自身的长远发展。鉴于此，我们编写了本书。

本书紧密结合当前应用文写作的实际需要，科学地设置了如下具有针对性和实用性的5个模块：模块一，求职类应用文；模块二，事务类应用文；模块三，会议类应用文；模块四，公文类应用文；模块五，传播类应用文。本书主要特点如下：

（一）体例新

本书在各个模块前均设有"学习目标"，便于学生把握各个模块的主旨；各个模块的主体部分大致按照文书含义、种类、特点、作用、结构、撰写要求的顺序介绍了各种常用应用文的写作模式和技巧，有利于学生厘清学习思路；在每种文书后面设有"实战演练"，着重对学生基本理论知识和分析、撰写常用应用文能力进行考查。

（二）案例新

本书注重选择具有划时代的新案例，以便于跟新一代青年学子沟通和交流，减少由于时代原因而产生的隔膜感，同时也避免了由案例陈旧带来的知识上的陈旧。

（三）练习新

应用文写作是一门实践性很强的课程，学生必须通过大量的练习才能掌握写作的一般技巧和方法，因此，本书非常重视练习的编写，力图通过"实战演练"来有效地训练学生

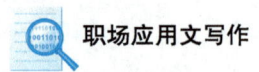

对知识的掌握能力。

  本书采用项目法，打破了原有图书过于注重系统性和应用文全面覆盖的特点，围绕学习目标、训练指导中所需掌握的写作知识与技能来编写。本书结合教学实际，始终轻理论讲解，重实际训练，不讲为什么，少讲是什么，专练怎么做。本书可供高职高专院校大学语文应用文写作公共课或专业课使用，也可作为各级各类公文写作人员的岗位培训用书。

编　者

致 学 生

一、为什么学写应用文

写作能力是一种综合能力,包括思维能力、认识能力、语言组织能力、分析能力和表达能力等,是新时代大学生必备的一种能力,也是评价一个人综合素质的指标之一。

近年来,"大学生写作能力差"的相关报道屡见报端。有的老师说学生写的论文"缺乏逻辑,杂乱无章""满篇的语病",甚至"不会正确使用标点符号""错别字随处可见""文本格式不规范";还有的老师抱怨很多毕业生"不会写总结""不会写计划""不会写发言稿"等。

著名作家、教育家叶圣陶先生说:"大学毕业生不一定要能写小说、诗歌,但一定要能写工作和生活中实用的文章,而且非写得既通顺又扎实不可。"应用文作为知识化、信息化、全球化时代的信息载体,是人们在工作和生活中交流、沟通的重要工具,而应用文写作能力,则是体现个人职业素养和人文内涵的重要方面。

掌握应用文写作能力为什么这么重要呢?因为应用文是企事业单位、社会团体和个人在日常工作、生活中,为处理公私事务而常用的具有某种固定格式和直接应用价值的文书。关于应用文的这一定义,包含了以下几个命题。

(1)应用文的作者包括机关单位、团体或个人。机关单位、团体一般来说不可能作为文艺作品的作者,却常常是应用文的作者。这一命题反映了应用文作者的广泛性。

(2)应用文是人们在工作、学习和日常生活中所形成和使用的。这说明了应用文在使用上的广泛性,也将应用文与文学作品、学术论著和一般性的记叙文(如冰心的《笑》)、说明文(如林斌、陶定光的《笑》)、议论文(如苏洵的《六国论》)等区别开来。

(3)应用文是用以处理事务、沟通关系的。这是应用文实用性这一重要特点的反映。"处理事务、沟通关系"这一点说明了写作应用文的目的及应用文在内容方面的性质特点,也反映了应用文的基本作用。所谓事务,指的是与人们的日常工作、学习、生活等需要紧密相关的,具有很强的现实需求的各种具体事情(它包含现实的时空因素,不同于想象等活动可不受时空限制)。

(4)应用文往往具有一定的惯用格式。这是应用文程式化的主要表现。

(5)应用文是语言交际的书面材料。这里实际上是要说明,应用文并不都具有文章的面貌。不说"文章"而说"书面材料",是因为应用文中有不成文(即不同于一般的文章形式）者，如简单的电文、会议记录等。

总之，应用文写作具有使用者和使用范围的广泛性，在生活和工作中几乎人人用得到，应用文写得好不好直接影响我们处理事务、沟通关系的效果，学生一定要在大学期间提高应用文写作的基本能力。

二、如何学写应用文

1. 了解应用文的特点

和文学创作相比，应用文写作具有以下几个特点。

（1）写作主体的"非我"性。

写作主体即作者。文学创作者往往站在"自我"的角度来表达自己，或者抒发自己的思想感情，或者阐述自己的观点，或者按照自己的理解去说明。应用文的作者一般（除个人总结、书信等少数文书的写作外）要站在某一群体、某一组织、某一集团的立场上，它所传达的往往是集体发出的信息，接收者也往往是集体或众多个体。所以在进行应用文写作活动时不能总想着自己，而要多考虑文中所代表的单位的立场，因为表达的是"非我"，而非"自我"。比如，为领导草拟文件，一定要弄清楚领导的意图，站在其立场或角度去构思、立意、起草，否则就可能会忍受多次"返工"的痛苦。再如，写请示、公函、报告、意见等，一定要弄清楚本单位与接收单位之间的关系，是隶属关系、级别关系，还是业务工作关系等，据此选择合适的文体，在文中使用相应的语气和措辞，这样才能做到文尽其事、恰如其分。否则一个细小的疏忽，可能会酿成大错。

（2）写作客体的真实性。

写作客体指的是写进文章（作品）中的客观对象（包括人类社会、自然界和人的精神世界）。文学创作的客体讲究的是"艺术的真实"，其来源于生活而又高于生活；而应用文写作的客体就是客观实在的真实，是"真实的生活"，要求"实事求是"。应用文写作客体的真实，包括时间、地点、人物、事件、数据等，都必须有凭有据，确凿可靠。应用文写作绝不允许虚构、想象，不能将事实任意夸大或缩小。例如，调查报告、总结中的内容必须是现实生活中确实存在的；学术论文、科研报告中所引述的事实、数据要精确无误、真实可靠；新闻报道的内容也只能是已经发生或正在发生的事实，而不允许把那些可能发生而未发生的事实当作新闻传播给受众，更不允许凭想象、推测去创造新闻。可见，应用文写作讲究高度的准确性和可靠性。

（3）写作载体的模式化、朴实和单义。

写作载体指的是写作活动所依赖的特殊的符号系统——书面语言文字及其他图表符号等。应用文语言与文学语言是同体异质的两种不同功能的符号系统，应用文是以传播知识、传递信息和处理事务为主要目的的，语言表达不仅要符合约定俗成的或法定的模式，还要做到文风朴实、意义单一。

①模式化特征。

所谓"模式",是指"某种事物的标准形式或使人可以照着做的标准样式"。无论是公文、专用文件、规章制度还是日常应用文,人们在长期的写作过程中,都形成了一些约定俗成的乃至法定的模式,因此,在写作时不能随意为之,必须遵守模式和相关的规则。而文学创作可以有较大的发挥空间,无论是在形式上还是在内容上,都可以打破常规,不断创新。

应用文作者切不可对模式和规则置若罔闻,否则会造成写作上的失败。当然,在具体应用文写作活动中,不同文书在模式和规则上不尽相同甚至相去甚远,初学者难免会遇到一些误区。最好的方法是找来一些标准范文去读,对照模式去理解,结合点评去思考,多想想为什么这样,最好能理解这样要求的合理性,当然对于一些习惯性的东西,记住就是了。参考范文去写一两篇相同文书的文章,再对照规则和模式去检查印证,在反复实践中去理解、记忆,应用文写作的能力和水平自然会有所提高。

当然,强调应用文写作的规则和模式,并不是排斥应用文作者的个人发挥,除了形式上的较多约束、内容上的一些规则,应用文写作活动还是有一定的空间去驰骋的。归根结底,应用文写作活动是一种精神生产活动,在借助于"死板"的模式和规则的过程中,不可避免地要受到作者创造性思维活动的影响,从而为应用文写作注入"灵活"的气息。

②文风朴实。

很多人喜欢文辞华美、韵味隽永的文学作品,因为这些作品往往能给我们带来极大的艺术享受和精神愉悦,但应用文写作不追求华丽的辞藻,它的文风相对来说要朴实无华一些,基本上很少在词句上粉饰雕琢。有很多学生,特别是原来文学功底较深的,往往有唯美主义的倾向,写东西总喜欢追求艺术化,文中使用大量的修辞手法,诸如比喻、夸张、拟人等,堆砌许多优美的词句和典故。如果这样来写小说、诗歌、散文等文学作品,只要使用适时适地,自然是很好的。但应用文写作追求一个"实"字,应用文不是供人们把玩鉴赏的艺术品,它和人们的社会生活结合得非常紧密,它是一种应用文书,是为了实际工作、实际生活而书写的,是传递交流信息、商洽处理问题的一种工具。因此,写应用文时一定要避免那种不合适的文风。切记洗尽铅华、天然去雕饰也是一种好的文风。

当然,文章总是要让人来读的,包括应用文也是要有相关的人员去阅读的,那么不可避免地就要考虑人的阅读心理,要有某种趣味性,让人愿意读。有一些应用文,语言上程式化的东西过多,如"在……的亲切关怀下,在……的领导下,在……的协助下,在……的配合下,我们经过了……,克服了……,打破了……,最终……,"这些教条化的东西一多起来,让人根本就读不下去,除了感到枯燥,这里面还缺乏完成工作的真情实感,感觉是一种应付的态度,对作者的信任度大大降低。在符合规定的格式和要求下,尽量把内容写得生动有趣些,是必不可少的。

③单义性。

许多文学作品寓意深刻、内涵丰富,不同的读者在阅读的过程中,根据自己的心理感受和理解去诠释其中的意义，对于同一部作品，可能有不同甚至是大相径庭的理解，正所谓"一千个读者眼里就有一千个哈姆雷特"。但是，应用文写作一定要避免这种多义性，写作过程中的遣词造句、构思谋篇，意义一定要明确，避免产生歧义，不给不同的读者有这样那样的解释，否则会造成工作中的极大混乱。比如制定规章制度，在用词时如果使用了一些模棱两可的词语，给人不同的理解，就会在执行规章制度的过程中造成麻烦。再如签合同，一定要逐字逐句地检查有无漏洞，反复斟酌，避免一词多义、一句多义等现象。否则一个很小的纰漏，可能会给当事人带来极大的损失。总之，写应用文时一定要注意表述上的准确性、单义性。

（4）写作受体的明确性、限制性、被动性。

写作受体指的是写作活动的接收对象，也就是我们通常所说的读者。一般情况下，应用文写作有的放矢，针对性极强，为解决实际问题而作，因而其读者对象始终是明确的。例如行政公文一般都有主送机关，这里的主送机关就是读者，它正是文章中规定好了的，甚至许多应用文的读者还是法定的，那么非法定读者就不能阅读，否则触犯法规，后果将是严重的，如绝密文件，非法定读者就不能随便阅读。对于这样的应用文而言，读者处于被动地位，他无权选择，不能凭个人好恶读或不读（当然，随着电视、电脑、网络的普及，广告、招标书、科学说明文、产品说明书等应用文亦与文学作品一样，它们也不会拒绝读者。在这里，商家、厂家与文学家的心态相似，希望读者越多越好，这类应用文没有对读者对象进行过多的规定和约束）。相比之下，文学作品的读者面较宽，作品对读者的参与权限制小，而应用文读者的参与权要根据文章本身的性质和读者阅读的目的决定。

当然，在应用文写作中，写作受体也非完全处于被动地位。如果说文学作品可以让人们在精神上获得审美愉悦，那么应用文则可以让人们在行为上做出积极响应和主动配合，以解决实际问题。对应用文而言，读者的主观能动性不是表现在对文章理解的能动性上，而是表现为高效率地执行文章的精神和宗旨。可见，读者对应用文的参与更具客观性和实践性。

2. 掌握应用文的结构

应用文的结构，是指运用材料表现主题的组织构造，它既是应用文内容的重要表现形式，也是作者思路在文章中的具体体现。

（1）结构的模式化形态。

结构的模式化形态，是指大多数的应用文或者因为行政的规定，或者因为约定俗成的写作习惯，使其具有特定的惯用格式。如行政公文、事务文书中的计划、规章制度、经济类文书中的合同、日常类文书中的条据等，都各有定型化了的惯用格式，使用时不能互相代替。

（2）结构的非模式化形态。

虽然大多数的应用文的结构具有特定的惯用格式，但并不是全部的应用文都如此，有些文书模式化色彩不强或没有固定模式。如广告的写作：现代广告为了彰显个性，越来越呈现出多姿多彩的形态。我们把这种彰显个性的现象在结构上的表现，称为结构的非模式化形态。

3. 了解应用文的语言特点

应用文的语言，是指在应用文写作过程中用以承载作者对客观事物的观点和态度的文字材料。能否运用语言文字确切地表达思想内容，这不仅是一个人是否具有写作能力的重要标志，也是一篇文章成功与否的关键。

应用文的语言具有以下特点。

（1）准确。准确就是应用文所使用的语言材料能恰如其分地承载其所传递的信息，与词义相符。这是应用文写作中对语言最基本的要求。在应用文写作中，特别是在公文和科技文章的写作中，要特别强调语言的准确性。有时，字句上一个小小的失误，就可能造成无法挽回的损失。一定要避免使用无法准确地反映客观事物本质属性、形态及作者意图的词义不确定的词语。

（2）庄重。应用文语言的这一特点，在公文写作用语中表现得尤为明显。因为公文往往代表某级机关或组织说话，有着法定的权威性和行政约束力。一些法规性公文，一经发布，就成为各项工作乃至个人行为的规范和准则，有关人员必须严格遵守实施。一些下行文虽没有法规性质，但下级机关必须坚决执行。因此，这类公文的写作语气必须严肃，措辞必须郑重，用语不能轻慢浮华。上行文、平行文的用语虽然不像下行文那样具有威严的特点，但也庄重严谨。公文语言的这一特点，表明了作者严正的立场和严肃的态度，维护了公文的权威性。在其他一些文书中，这一特点也非常明显，如礼仪性的文书。

（3）平实。所谓平实，就是强调文风朴实无华，语言实在，强调直接叙述。绝大部分应用文拒绝文学的写作技巧。

无论是机关单位还是个人，在运用应用文处理公、私事务中，都要充分发挥它的现实效用，为此在表述中力求语言的平易近人、通俗易懂。

（4）简明。为了使机关单位和个人在处理公、私事务时加快办事节奏，提高办事效率，应用文的用语必须简洁、精练，言简意赅。在具体写作中，选词造句最基本的一条原则就是"明白"，要让人一看就知道讲的是什么，明白该如何去做。不枝蔓，不苟简，不晦涩，不啰唆。

三、如何提高应用文写作的能力

如何提高应用文写作的能力，成功的作者已经给我们提供了经验。鲁迅先生曾对向他请教的青年人说，"文章应该怎样作，我说不出来，因为自己作文，是由于多看和多练习，此外并无心得或方法的"（《书信集·致赖少麒》）。在这里，鲁迅先生所说的"文章"并非应用文，而是他所擅长的文学作品、文史论著和杂文，但学习写作应用文应遵循的基本规律同学习写作其他种类文章的基本规律并无二致，只能是"多看"和"多练习"。

对应用文而言，"多看"有两层含义。第一层含义是"博览"，指作者应主动进行大量的阅读，广泛涉猎各种类型的应用文文书，初步了解各种类型的应用文文书之间的区别和联系，获取大量的各种类型的应用文在文书格式、结构组成、常用句式、专有词语、语言风格等方面的感性认识，为写作活动做好前期准备。第二层含义是"精读"，指作者应重点阅读与自己要写作的应用文文书类型相同的文字材料，可按照3个步骤进行阅读：第一步，着重获取对文章从外形格式到语言风格的整体印象；第二步，着重分析文章的整体结构安排，厘清文章层次与层次、段落与段落之间的逻辑关系；第三步，着重筛选出此种应用文文书特有的表达方式、修辞手段、固定句式和短语。经过这样分步骤的阅读后，就可以大致掌握某一特定类型的应用文文书在语言表达上的基本要求了。

  再谈"多练习"。所谓"多练习"就是多进行写作实践。通过学习和阅读，我们可以了解大量的有关应用文写作的知识，但知识不等于能力，对规律的了解不等于对规律的运用。只有通过实践，才能将应用文写作的知识转化为应用文写作的能力。对应用文而言，仿写是一种较为有效的训练方式。在仿写时，可以选取公认的符合特定应用文文书写作规范的例文，先进行"精读"，以期掌握这一类型的应用文文书在语言表达上的基本要求，然后将文章的内容要点做简短摘录，最后根据摘录的内容要点重写全文。写完后，可将重写的全文与原例文两相比照，找出差距所在，着重加以改进。这种训练方法将"看"和"练"比较紧密地联系在一起，对于外形格式相对固定的应用文文书写作最为适用。

编　者

目　录

模块一　求职类应用文 1
   1.1　个人简历 1
   1.2　求职信 7

模块二　事务类应用文 13
   2.1　电子邮件 13
   2.2　条据 17
   2.3　启事 21
   2.4　申请书 26
   2.5　计划 30
   2.6　总结 36
   2.7　简报 44
   2.8　调查报告 54
   2.9　策划书 66

模块三　会议类应用文 79
   3.1　邀请函 79
   3.2　欢迎词 85
   3.3　主持词 90
   3.4　开幕词 96
   3.5　会议记录 101
   3.6　会议纪要 109

模块四　公文类应用文 119
   4.1　通知 119
   4.2　通报 128
   4.3　请示 137
   4.4　报告 143
   4.5　函 151

模块五　传播类应用文 156
　5.1　消息 156
　5.2　演讲稿 166
　5.3　广告文案 175

参考文献 191

模块一　求职类应用文

【知识目标】

通过学习本模块，了解个人简历、求职信等常用求职类应用文的特点、行文规则。

【能力目标】

在日常工作和生活中，能够规范地撰写各种求职类应用文。

随着时代的发展，求职成为人们日常生活中的一项重要内容。一份完整的求职材料应该包括个人简历、求职信和支撑材料 3 部分，在某些特殊情况下也可以附加一份推荐信。

1.1　个人简历

大学三年级下学期，为了找工作，王磊去的最多的地方，除了招聘会，就是打印店。他去打印店大多是打印个人简历。他去了几趟招聘会后发现，去找工作的人很多，在招聘现场求职者基本没有与招聘方进行深入沟通的机会，能给对方留下印象的只有个人简历。

个人简历是用文字写的，更是用成绩写的，但是有了可写的成绩，怎么能更好地向招聘方呈现就显得尤为重要了。

训练指导

一、个人简历的含义

个人简历是个人向机关单位、部门领导或招聘方介绍自己以往的主要经历时所使用的一种专用文体。

个人简历可以体现一个人的综合实力和整体水平，是目前毕业生求职择业较常用的手段。一份设计完美的个人简历是开启事业之门的钥匙，是决定求职者能否得到所求岗位的第一关。对于一个即将步入社会走向工作岗位的大学生来说，需要在很短的时间内让招聘方了解自己，必须借助于个人简历。因此，写好个人简历十分重要。

二、个人简历的基本要素

个人简历一般有两种形式：表格形式和文字形式，现多采用表格的形式。无论哪种形式，个人简历一般都包括以下几个方面的内容。

（一）个人基本信息

其中主要包括姓名、性别、出生年月、籍贯、居住地、民族、政治面貌、毕业院校、专业、学历、学位、毕业时间、联系方式等。

（二）教育经历

一般是按照倒叙的顺序，描述你什么时间，在什么学校，就读什么专业（若是本科生则从中学填起，若是硕士研究生及以上则从本科填起）。列出所学的专业课程（与谋职单位有重要关系的课程要放在显眼的位置）。

（三）实践与工作经历

对于应届毕业生而言，这里填写的是实践经验；而对于已有工作经验的求职者来说，这部分内容填写的则是其所从事过的工作经历，重点应该描述何时何地从事何种工作，以及取得何种成就。此外，如果求职者是已有工作经验的，那么在其个人简历中这部分内容应该放到教育经历的前面。

（四）求职意向（求职目标）

其中主要填写自己对哪些工作岗位、行业感兴趣及相关要求。要表明自己应聘的岗位，说明自己具备哪些资格和技能，想找什么样的工作。

（五）奖励情况

何时何地获得何种级别的奖励。

（六）证书情况

何时获得何种证书。

（七）技能水平

其中主要包括计算机技能、语言技能、获得的职业资格证书等。例如，会熟练使用计算机，熟悉常用办公软件，能够应用 Word 等软件进行办公。

（八）自我评价

这是对自己最大的求职优势进行的总结。

（九）证明材料

在简历的最后，一般是列举有关的证明及附件参考资料。

三、个人简历的撰写技巧

个人简历是一份非常重要的自我推销文件，目的在于争取面试机会。要达到这个目的，就得说服招聘方，让对方知道你具有什么条件。你可能要与几百位甚至上千位求职者竞争，所以必须设法展现自己的才能，瞬间抓住招聘方的注意力，出奇制胜。

在招聘方的挑选过程中，个人简历是你唯一能够全权控制的部分，至于写出来的个人简历如何，则与你所做的准备工作成正比。你会发现若要写出"制胜"的个人简历则需要意见和指导，下面让我们先来看看个人简历撰写的几项基本原则。

（1）内容资料要简明扼要。

（2）避免咬文嚼字及令人难以理解的措辞，用词力求精确。

（3）用第三人称的立场写作，如此你便可以强调自己的成就，又不会显得自吹自擂。这是标准的引荐方式，也能增加内容的权威性。

（4）用证据证明实力不要只罗列过去的职责——要强调你如何做出成果，要显示出你的与众不同。用精准的事实和数据把已取得的成就罗列清楚。

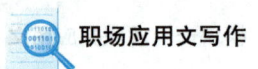

示例 1.1

例 1　个人简历示范文本

个人简历

一、基本信息

姓名：×××　　　　　　　　　　性别：男
学历：大学专科　　　　　　　　　专业：公关文秘
出生年月：1991 年 12 月
联系电话：139×××1234，025-12345678
E-mail 地址：×××××××@sohu.com
联系地址：南京市江宁区××××××

二、学习经历

毕业院校：××大学中文系公关文秘专业（总加权成绩：90.47 分，专业综合排名 2/30）

所学课程：秘书学、文秘写作、公关实务、谈判学、人际心理学、公共关系、公关语言、应用文写作、政治经济学、哲学、外国文化史、档案管理学、中国文化史等。

三、其他培训情况

现正在清华大学进修行政管理本科学历；
参加过驾照培训，并获得了 C1 驾照；
2019 年参加了接待礼仪课程培训，并获得了结业证书。

四、工作经历

2013 年 5 月—2015 年 5 月　××公司　前台接待。在此期间工作认真负责，深受领导和同事的好评。

2015 年 6 月至今　××公司　办公室秘书。负责文档管理、文书写作、文件打印、机票和酒店预订、外联等工作，协助负责人进行重要日程的安排，协调同其他各部门的关系，做好沟通工作，收发来往信件，订购办公用品及处理其他办公事务。

五、求职意向

愿到企业单位从事行政管理、人力资源管理、文秘、行政助理等相关工作。

六、获得证书情况

国家英语四级证书、全国计算机二级证书、秘书中级技能证书、公共关系资格证书、微软办公软件国际认证（MDS）等。

七、技能水平

使用五笔字型输入法的中文录入速度为每分钟 100 字以上；英语的听、说、读、写能力达到四级水平；较擅长进行社交活动，更有组织各种文艺活动的经验；能够熟练地运用 Microsoft Office 系列软件进行高效的办公室日常工作。

八、自我评价

多年的行政工作，使我深深体会到了秘书工作的重要性，更是爱上了这份工作。这是一份需要更多责任心和细心去完成的工作。本人工作认真、负责，做事一丝不苟，且具有很强的责任心和进取心，踏实肯干；爱好广泛，是公司的文艺骨干；性格温和、谦虚、自律、自信，有较强的实际动手能力与团队合作能力，能迅速适应各种环境。

例 2　个人简历剖析

个人的教育和工作经历是一份简历的重中之重。

（1）从例 1 个人简历示范文本的"学习经历"部分可以看到，这位求职者只是详细地罗列出个人求学和工作的时间、地点，这样的表达方式很普通，不会给人眼前一亮的效果。

（2）求职者在本科院校和专业介绍后增加了总加权成绩和成绩排名，突出了个人在学习成绩方面的优势，为建立良好的个人形象打下了基础。同时在介绍完"学习经历"后，补充了"其他培训情况"，这是除学习成绩外关于组织沟通等能力的全面展示，会加不少分。

（3）在"工作经历"方面，求职者新增了在工作中具体做了什么，收获是什么，以及实习单位的评价。这种谦逊的语气既反映了客观事实，也让应聘单位能够全面掌握求职者的工作能力和发展优势。

做好一份简历的良好态度，将是一个招聘单位对你的第一考核。同样的内容，不同的呈现，说明了求职者积极主动、善于思考、努力把握人生机遇的心态，具备这些素质一定会让这位求职者在激烈的竞争中处于优势，较快地获得一份满意的工作。

实战演练

1. 根据个人的专业学习、在校表现及参加社会实践活动的能力等情况，写一份个人简历。

2. 结合所给材料进行写作。

南昌××公司是一家集研发、生产、经营、售后于一体的公司,主要生产经营保健类产品。为了扩大公司的业务,现面向社会招聘以下人员。

公关宣传人员:大学专科以上学历,形象气质佳,普通话标准,文笔流畅,有才艺者优先,男生1.72米以上,女生1.6米以上,人数5人。

营销人员:大学专科以上学历,五官端正,身体健康,有营销经验者优先,人数15人,男女不限。

专卖店店长:大学专科以上学历,有较强的组织、沟通、语言表达能力,形象好,有魄力,有亲和力,人数5人,男女不限。

财务人员:大学专科以上学历,财会类相关专业,诚实敬业,人数2人,男女不限。

工资待遇面议。

李军看了以上材料后,觉得公关宣传人员一职比较适合自己。请你按照个人简历的写作要求,代李军撰写一份个人简历。

1.2 求职信

 情境导入

王磊通过网络浏览了大量的招聘信息，看到跟他相关的、待遇还可以的就直接发送求职信，但都是一个版本，完全没有针对性。结果，这些求职信全都石沉大海，王磊没有收到任何公司的面试通知。

要想求职成功，求职者在发送求职信时一定要针对招聘岗位的要求，精准定位。

 训练指导

一、求职信的含义

求职信是求职者向招聘方自荐谋求岗位的书信，分为自荐信与应聘信两种。求职者根据用人单位发布的招聘信息，对照自己的能力和特长向该单位申请就职，或者无明确的招聘方，求职者根据自己的特长而撰写的书信。

二、求职信的特点

求职信具有针对性、自荐性、独特性的特点。

（一）针对性

针对性是指针对求职单位的具体情况和个人的求职目标等来撰写。

（二）自荐性

自荐性是指求职者要恰当地推荐自己。求职者要善于推销自己，用自己的特长、优势、成绩来取胜，同时一定要在求职信中展现出自己的个性，用"闪光点"来吸引招聘方，使招聘方在未曾谋面的情况下就对自己产生一种心动和值得一试的感觉。

（三）独特性

独特性是指求职信的内容与形式不同一般。要想在众多的求职信中脱颖而出，你的求职信一定要具有独特性。

三、求职信的基本要素

求职信的基本要素有求职目标、求职原因、求职条件及附件。

（一）求职目标

即你要到什么公司工作，你想应聘什么样的岗位，这一点必须明确。

（二）求职原因

即交代求职的理由。说明你为什么要到该公司工作，你想获得这份工作的原因是什么。回答这个问题时要简洁。

（三）求职条件

这是求职的关键。针对求职目标，展现自己的业绩和优势。在陈述自己的求职条件时，一定要自信，并适时用事实说话，但同时又不能一味浮夸，否则招聘方会觉得你不够踏实。

（四）附件

即附在求职信末对求职者起介绍与证明作用的有关材料。

四、撰写求职信的步骤

撰写求职信可以按照下面的步骤进行。

（1）事先准备，分析招聘启事，了解岗位需求。

① 招聘方的要求是什么？不同职业、不同岗位，对人才的需求是不同的。如地铁站务员和火车站的信号工，由于他们的工作性质和内容不同，对求职者的要求也不同。弄清楚招聘方的要求，我们就能有针对性地进行写作，从而提高求职成功的概率。

② 求职者应该提供什么信息？一般情况下，应聘不同的公司、不同的岗位，求职信的内容也应该有所不同。"放之四海而皆准"，对求职信来说是不行的。招聘方对人才的要求是什么，求职者就应该把自己与之相关的知识和技能提供给招聘方。

（2）写清楚招聘启事是从什么地方获取的，说明自己希望申请哪个岗位。因为招聘方往往同时在为多个岗位招聘人才，如不写清楚申请哪个岗位，招聘方将无法精准回复。

（3）告诉招聘方，你对这份工作如何感兴趣，你有哪方面的专业知识、特长、技能，受过哪方面的培训和锻炼，对这份工作有何研究，有哪方面的成就等。

（4）简单介绍一下自己的资历，包括自己就读的学校名称、主修和选修的科目。如果你觉得有必要，那么可以列出某些科目的考试成绩。

（5）求职信中还可以写与求职有关的其他有利条件，如参加过哪些课外活动，做过哪些调查，有哪方面的工作经验等。

（6）最后，应该提醒招聘方留意你附呈的个人简历，请求给予回音等。

五、撰写求职信的注意事项

除了求职信的内容，撰写求职信时还应该注意以下几个问题：

（1）在撰写求职信时，字迹切忌潦草，应清楚、工整，给人一种办事认真负责的印象。

（2）求职信应该具有针对性，每申请一份工作，应该认真写好一份求职信，以表示自己对申请这份工作很真诚。不要千篇一律地写几十份求职信到处投递，其结果必然是处处落空。

（3）谦虚是一种美德，但在求职信里过分谦虚，就不能正确反映出你的成绩和才能。求职者应该在求职信里强调自己的长处，但是，在强调长处时，又要避免出现过于自负、自信的陈述。

（4）在求职信中需要用"我觉得""我看""我想""我认为"等词语来说明自己的观点时，要慎重，否则会给招聘方留下自高自大、思想不成熟的印象。

（5）求职信应语句通顺、语言精练、实事求是、突出重点。

六、求职信的结构

求职信的结构包含标题、称呼、正文、附件和落款，具体如下。

（一）标题

写清楚文种名称，即在第一行中间写上"求职信"或"自荐信"3个字。

（二）称呼

顶格写明求职单位的领导或负责人的姓名和称呼，也可直接称呼其职务，如"人力资源部负责人"。求职信、自荐信与一般的私人信件不同，故书写称呼时应注意不要使用"亲爱的""我最尊敬的"等字眼，为了礼貌起见，可用"尊敬的"来称呼。

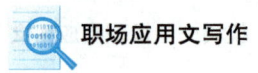

（三）正文

求职信的正文一般由引语、主体、结尾3个部分组成。

1. 引语

交代写求职信的理由。开头要写清楚自己从何处获取招聘信息、个人目的、申请的岗位、加入公司的原因。

2. 主体

中间部分主要是做自我介绍，要展开说明你适合所申请岗位的理由。针对公司的招聘信息或根据自己了解的公司通常的要求，简明介绍你的相关实力，主要包括自己的专业特长、业务技能、外语水平及其他潜在的能力和优点；强调你所受过的培训和拥有的职业经历，以期使招聘方意识到你正是他们招聘的最佳人选。这部分是求职信的关键。

3. 结尾

求职信的结尾要再次强调自己的求职愿望，恳请招聘方给自己一次面试机会。

（四）附件

列出求职信所附的有关材料，诸如求职者的个人简历、毕业生推荐表（复印件）、职业技能等级证书/职业资格证书（复印件）等。

（五）落款

署上求职者的全名和日期。署名一般用手写，日期使用公历和阿拉伯数字。

 示例1.2

例1

会计专业毕业生求职信

尊敬的××公司总经理先生：

您好！

昨日阅毕《××商报》，获悉贵公司招聘会计3名。我毕业于××财经学院会计专业，认为对于此项工作尚能胜任，故大胆投函应征。

作为一名会计专业的学生，我热爱这个专业，并在大学四年的学习生活中投入了自己全部的热情与精力。我主修商业会计专业，参加过计算机操作技能的严格训练，使我有能力在贵公司这样一家专业化水平较高的单位任职，能熟练运用计算机处理各种会计业务。我曾在××公司做过兼职会计，在实践中受益匪浅，随后还在该公司任财务分析员，时间长达半年。其他关于该项工作的任职资格，请见随信附上的个人简历。

处于人生精力最充沛阶段的我，渴望在广阔的天地里展现自己的才华，期望在实践中得到锻炼与提高，真诚希望能加入贵公司来进一步提高自己。

感谢您在百忙之中给予我的关注，期盼您的回音！

求职者：×××
××××年×月×日

评析：这是刚毕业的会计专业大学生向招聘公司发出的目标明确的一封求职信，信中用大量的语言强调了自己的财会知识及相关的实践经验。最后诚恳地向招聘公司表达出自己的求职意向，表明自己的良好愿望和奋斗目标。语言表达简洁、流畅。

例2

求职信

尊敬的包经理：

您好！

我是重庆××职业技术学院一名即将毕业的高职生，想在贵公司谋求一份有关汽车销售方面的工作。

我所学的专业是汽车贸易，每门功课成绩均在85分以上。

今年上半年，我在贵公司实习了一段时间，深深地感到贵公司领导非常重视人才，注重员工的团结协作精神及工作效率等。可以想象，作为贵公司的一员在这样的环境中工作、成长，那将是多么自豪的一件事。

当然，条件如此优越的公司，能成为其中一员并非易事。但我坚信，我有信心和能力去迎接挑战，去努力打开贵公司这扇"希望之门"。我性格开朗，乐观向上，诚恳务实，待人热情；工作认真负责，积极主动，能吃苦耐劳；有较强的组织能力、实际动手能力和团体协作精神，在学校与同学关系融洽。在各类社会实践活动中，我养成了敏锐的洞察力、独立的思考判断能力、果断的行事作风。目前，我已熟练掌握本专业的基础理论和操作技能，能够独立完成工作。此外，我通过了大学英语六级考试，获得了汽车修理技术中级证书，通过了汽车贸易专业国家中级考试。在贵公司实习期间也发挥了个人的专业特长，获得贵公司的好评。我相信，在一个崇尚公平竞争的公司里，我会一展宏图。

现随函将个人简历、学习成绩表、论文及相关证书复印件呈上。

最后，我希望贵公司能给我一个尽献微薄之力的机会，敬候您的答复。

此致

敬礼！

罗靖
2019年5月25日

联系地址：××××××

邮政编码：××××××

联系电话：××××××××××

实战演练

1. 阅读下文，指出求职信中存在的问题。

求职信

尊敬的公司领导：

您好！

首先，感谢您能抽出宝贵的时间来阅读我的求职信。我叫姜玉树，现年22岁，身高174厘米，来自四川峨眉，是××××××学院精品班——城市轨道专业2018届毕业生。今天我是怀着快乐而又激动的心情呈上这份求职信的。之所以激动，是我决定到贵公司，以实现共同的辉煌。

在三年的大学生活中，我勤奋刻苦，力求向上，努力学习基础与专业知识。三年来，我各个学科均没有补考的记录，专业学科成绩优良，在校期间曾被评为"优秀团员"和"优秀学生干部"。普通话达到国家标准水平，计算机已拿到国家四级等级考试证书，同时英语也达到了国家四级水平。

三年的学习生活，铸就了我勤奋诚实、积极热情的性格，培养了我拼搏向上的精神，提高了我判断、策划、协调等多方面的能力，为自己注入了全新的营养，为今后的工作打下了良好的基础。鉴于以上情况，本人适合担任地铁站务员工作，能与外国人交流，为他们指引方向。

实践是检验真理的唯一标准。所以每年我会利用放假时间参加"春运""暑运"！了解怎样工作才能让乘客满意，让旅客放心。并且我还参观了地铁设施，查阅了大量的资料，对地铁方面的规章制度、管理要求都比较清楚！我想一个人只有把聪明才智应用到实际工作中去，服务于社会，有利于社会，让效益来证明自己，才能真正体现自己的自身价值！虽然现在应聘的只是一名普通的站务员，但我坚信，在不久的将来我一定会有惊人的进步和提升，担任更高一级的职务。路是一步一步走出来的。只有脚踏实地，努力工作，才能做出更出色的成绩！

通过我的这封求职信，能使您对我有一个更全面深入的了解。我愿意以极大的热情与责任心投入贵公司的发展建设中。您的选择是我的期望，给我一次机会还您一份巨大的惊喜。

此致

敬礼！

求职者：姜玉树
2018年5月2日

2. 毕业后你想从事哪些岗位的工作？利用网络等资源搜寻相关招聘信息，给招聘方投递一份求职信。

模块二　事务类应用文

学习目标

【知识目标】

通过学习本模块，了解电子邮件、条据、启事、申请书、计划、总结、简报、会议记录、调查报告等常见事务类应用文的特点、行文规则。

【能力目标】

在日常工作和生活中，能够规范地撰写各种事务类应用文。

2.1　电子邮件

情境导入

张涛是某公司的一名文秘，下周三公司要召开各部门负责人参加的预算草案沟通会，本周张涛需要通过电子邮件向相关部门发布此次会议的通知。通知的主要内容如下：一是通知会议的时间、地点、目的；二是将安排好的会议议程告诉大家。

如果你是张涛，你会怎样撰写这封电子邮件？

训练指导

一、电子邮件的含义

电子邮件，简称电邮，英文名为 E-mail，它是通过计算机网络技术在互联网上进行信息沟通的一种形式，是随着现代科技的发展而产生的一种新型的通信方式。它是集电话的便利性和信件的永久性为一体的通信方式。

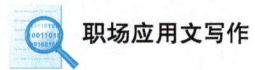

电子邮件包括文字、图像、声音等多种形式，同时，用户可以得到大量免费的新闻、专题邮件，并实现轻松的信息搜索。电子邮件的存在极大地方便了人与人之间的沟通与交流，促进了社会的发展。现在，电子邮件已经成为机关团体、企事业单位内部交流的重要组成部分，写好一份电子邮件在日常工作和生活中有着重要的作用。

二、电子邮件的优点

电子邮件具有发送速度快、安全、收发方便、成本低廉、交流对象广泛和信息多样化的优点。

（一）发送速度快

电子邮件的首要优点就是发送速度快。利用电子邮件发送邮件比通过邮局发送信件要快得多。通常在数秒钟内，电子邮件就可以发送至全球任意位置的收件人电子邮箱中。

（二）安全

E-mail 软件是安全保密且高效可靠的。如果目的地的计算机正好关机或暂时从互联网上断开，那么 E-mail 软件会每隔一段时间自动重发；如果电子邮件在一定时间内无法成功发送，那么它会自动通知发件人。

（三）收发方便

收件人可以方便地在任意时间、任意地点，甚至是在旅途中接收 E-mail，从而跨越时间和空间的限制。

（四）成本低廉

发件人花费极少的话费或流量，甚至是免费，就可以将重要的信息发送到收件人的电子邮箱中。

（五）交流对象广泛

同一个邮件可以通过网络较快地发送给指定的一个或多个交流对象。

（六）信息多样化

电子邮件不仅可以发送文字，还可以发送图片和声音等。

三、电子邮件的构成

电子邮件包括收件人、主题、称呼、正文、结语、签名。

（一）收件人

收件人一栏需要填写对方正确的邮箱地址，以免发错。其中还涉及抄送一栏，如果需要其他人员参与或知晓，在发送时还要从此处添加另外的收件人。

（二）主题

主题应该要全面概括电子邮件的内容，让收件人只看主题就可大致了解电子邮件的内容。

（三）称呼

称呼在电子邮件里要稍微随意一些，若是给长辈或单位领导等发送电子邮件，还是要用正式格式和语言的，如"尊敬的××""××先生"等礼貌用语。称呼同样要顶格写，其后加上冒号。

（四）正文

通常正文的内容要简洁、明确，字体可事先设置好，一般是宋体，黑色，字号为10～12磅。

（五）结语

结语的表达更自由一些，可以使用中文或英文，如"顺祝商祺！""Best Regards！"等。

（六）签名

签名处可以包括名字、职务、地址、电话、传真等。

示例2.1

收件人：ydb@163.com
主题：草拟预算会议

各部门负责人：

商讨20××年商务服务费用预算草案的会议将在20××年3月22日（下周三）下午2点，在公司第一会议室召开。

会议议题：就财务部的资本支出项目进行讨论（"培训资本支出建议书"见附件栏）。

会议议程：

1. 财务部门主管李××进行项目陈述，即公司的培训预算应与销售部门的培训预算合二为一。

2. 讨论如何将预算合理地在各个部门之间进行划分。

星期三会上见。

办公室：张涛
20××年3月16日

普通附件：培训资本支出建议书

评析：该电子邮件的主要目的是要通知各个部门负责人参加会议。从主题栏可以看出，该篇电子邮件的主题明确，虽然字数不多，但能让电子邮件的收件人明确发件人的目的。电子邮件的开头用简单的几句话通知了会议的时间、地点，紧接着就会议的议题和议程做了简单介绍，相关资料用附件随电子邮件发送。电子邮件的语言朴实、得体，易读易懂。

实战演练

假设你打算应聘一家跟你所学专业对口的公司，请撰写一封求职信，并附个人简历，以电子邮件的形式发送到该公司的邮箱中（邮箱地址：×××××@163.com）。

2.2 条　　据

 情境导入

　　从前有一个财主，为人吝啬。他希望自己的孩子长大后有出息却又不肯给老师吃喝，因此没有谁愿意到他家当老师。当地一个很有教学经验的秀才却主动找上门来，表示愿意到财主家当老师。财主说："您如果答应我的条件，就给我写个字据吧！"秀才点头，提笔写道：

东家：

　　无鸡鸭也可无鱼肉也可豆腐白菜不可少不得要学费银子30两。

××秀才
××××年××月××日

　　害怕秀才反悔，财主拿起字据收到屋子里去了。一年快结束时，秀才就摔碟子打碗，嫌顿顿吃豆腐白菜把身体吃垮了。财主一听，从柜子里拿出字据，对秀才说："先生可不能反悔，您有字据哩。"秀才说："我写了什么字据？"财主拿出字据，秀才大声念道：

东家：

　　无鸡，鸭也可；无鱼，肉也可；豆腐白菜不可。少不得要学费银子30两。

××秀才
××××年××月××日

　　秀才念完，财主可傻了眼。只好杀鸡、杀鸭、蒸鱼、炖肉，招待先生，还交了学费银子30两。

　　这是一个传说。古代的文书并无标点符号，秀才的字据，充分显示了他的智慧并惩罚了财主。同时也告诫我们：写字据要准确。

 训练指导

　　条据是一种用途十分广泛的应用文体。在日常生活中，如果我们有什么事情要告诉别人，或委托他人办事时，在不能面谈的情况下就可以用条据进行沟通。如学生因事、因病不能上学，就需要事先写请假条向老师请假。在我们的学习、工作和生活中，还有很多例子足以说明条据的重要性。

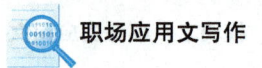

一、条据的含义

条据是单位或个人之间为说明涉及钱财、物品或某种情况而留下的作为告知或凭证的字条。

二、条据的分类

条据可分为告知类条据、凭证类条据两大类。

（一）告知类条据

告知类条据有请假条、留言条、便条等。

（二）凭证类条据

常见的凭证类条据有借条、收条、领条、欠条、代收条等，用来作为借、收、领、欠、代收等的凭证。

三、条据的基本结构

（一）告知类条据的一般格式

告知类条据一般由标题、称谓、正文、落款4个部分组成。
（1）标题：在条据正文上方，写明条据的名称，如留言条、请假条。
（2）称谓：在条据标题下另起一行顶格写接收者的姓名或称谓。
（3）正文：另起一行，空两格，写明告知或说明的事项。
（4）落款：此部分包括署名和日期。

（二）凭证类条据的一般格式

凭证类条据一般由标题、正文、结语、落款4个部分组成。
（1）标题：条据正文上方，写明条据的名称。
（2）正文：条据的文体部分，具体写条据的内容、事由。先写明条据的性质、关系，如"今收到""现收到""代领到"等。再写明钱物名称、数量、归还日期等。

（3）结语：正文下方空两格写上"此据"。
（4）落款：此部分包括署名和日期。

四、使用条据时需要注意的事项

使用条据时还需要注意以下事项。

（1）使用条据时一定要选对文种，虽然不是正式文件，但也要做到格式齐全，书写工整，特别是涉及钱物往来时，正确地书写可以避免产生矛盾或纠纷。

（2）除了要写好文字，还应该准确地写出阿拉伯数字1到10的大写，分别是壹、贰、叁、肆、伍、陆、柒、捌、玖、拾。在写数额之前，必须写上"人民币"，而在数额末尾要加上"整"这个字。

 示例2.2

例1

请假条

刘主任：

　　昨夜我突然发烧，今晨仍觉头昏脑涨、四肢无力，经医生诊断为重感冒。特请病假两天（有医院病休证明），请予批准。

　　此致

敬礼

请假人：赵　鹏
××××年××月××日

例2

领　条

今领到学校财务处发给××班的××月份奖学金人民币贰仟捌佰肆拾玖元整（人民币：2849元）。

　　此据

领款人：倪锐峰
××××年××月××日

例 3

欠　条

今欠阳光帽厂尾款人民币壹仟元整（批进新式童帽 200 顶，每顶 20 元，共计 4000 元，已付现金人民币叁仟元整），在 15 天内付清。

此据

欠款人：×××
2020 年 12 月 6 日

实战演练

1. 袁芳同学因要参加××市第四届职业技能比赛，周五至周日共 3 天，周五要耽误学校课程一天。请你根据材料帮袁芳写一张请假条。

2. 指出下列条据中的错误。

（1）今收王红借给我的人民币壹佰零叁元整。

严　宽
2020 年 5 月 25 日

（2）

借　条

今向王星借人民币 5000 元，一年后归还。

借款人：袁　强
2020 年 9 月 23 日

（3）高三（4）班的李明因为感冒，加之学习压力太大，导致发烧，不得不住院进行两天（4 月 21、22 日）的专门治疗，于是他请同学将自己 2018 年 4 月 20 日写的请假条转交给班主任王老师。

请假条

王老师：

　　我因感冒发烧，需要住院治疗，想请个假，望批准为谢！

小李
2020 年 8 月 24 日

3. 田海同志因家庭困难，孩子考入大学无力支付学费。现急需用钱，向厂工会借人民币 3000 元整，两个月之内归还。请你根据材料帮田海写一张借条。

4. 白峰欠海风公司人民币 10 万元整，还了 6 万元。请你代白峰写一张欠条。

2.3 启　　事

情境导入

第八届"多彩校园·青春校园"的征文比赛马上就要启动了，为了给学生提供展示的平台，加强在学生中的宣传力度，团委按照上级文件要求，准备拟写一份启事，并让学生会干部张松协助做好此事。

张松要怎样做才可以高效、正确地完成此事，你能帮帮他吗？

训练指导

一、启事的含义

启事是机关团体或个人为寻求帮助而向社会公众表示诉求愿望的一种应用文体。简言之，即公开地陈述事情，具有公开告知性。

二、启事的种类

常见的启事大致可归纳为以下几类。
（1）寻访类：如寻物启事、寻人启事。
（2）招领类：拾到物品后寻找失主前来认领。
（3）征求类：如征稿启事、征物启事、征婚启事。
（4）通知类：如校庆启事。
（5）更改、声明类：如遗失证件等物，声明作废。
（6）迁移类：如店铺迁移、厂址迁移等。

三、启事的撰写要求

启事的撰写有如下要求。

（1）启事不具有强制性和约束力，言辞要婉转，态度要诚恳。
（2）标题要醒目，使人一眼就能看出启事的性质与内容。
（3）叙述清楚，交代明白，以便于得到帮助。
（4）情况要真实，不得弄虚作假。
（5）一事一启，事项单一，使人容易明确启事的目的与具体要求。

四、启事的结构

启事一般由标题、正文、落款组成。

（一）标题

在启事正文上方居中直接写"启事"或加上启事的内容，如"寻物启事""迁址启事"等。

（二）正文

正文的内容一般要求写清楚启事的缘由、内容、希望等。例如，招聘启事的正文要写明以下信息。

（1）介绍招聘单位的情况。包括招聘方的性质、业务，企业的基本经营状况、工作范围及地理位置等。

（2）招聘的要求。招聘的岗位对求职者性别、年龄、学历、专业、工作经历、技术特长、科技成果等的要求。

（3）求职者的待遇。该项内容一般要写明工资、住房、公休及其他待遇等。

（4）报名方式。求职者需要带上准备好的个人资料到单位指定地点报名。

（5）招聘单位的名称、地址、电话、联系人等信息。

（三）落款

署名和日期。

 示例2.3

例1

招聘启事

××高级中学是一所拥有40年办学历史的公办学校。因学校发展的需要，经××市劳动人事部门批准现向社会公开招聘优秀教师。凡被我校录用的教师，学校将为其办理户口迁入及工作调动等手续，按规定解决优秀教师住房，并给予优厚待遇。

只要您德才兼备，××高级中学欢迎您的加盟！

一、招聘类别

中学语文、英语、数学、物理教师。

二、招聘条件

本科以上学历，硕士优先。

年龄不超过35周岁，中学教育、教学实践3年以上具有中级、高级职称。

三、报名办法

携带本人身份证、学历证、职称证书、荣誉证书、个人简历和两张2寸照片来校报名，或邮寄以上材料的复印件到学校。

四、报名时间

自见报之日起开始报名，截至20××年1月25日。

五、报名地点

××高新技术产业开发区电子一街2号××高级中学招师办。（不收抵押金）

例2

寻物启事

3月23日晚8:00左右，本人在淮河路公交6路车站候车时，不慎遗失黑色公文包一个，内有委托书、重要合同、票据及现金支票等物品。本人现万分焦急，恳请拾到者速打电话与我联系，我将立即前往认领，当面致谢并愿重金酬谢。

联系电话：13007628×××

天翼科贸公司 万先生
××××年3月24日

评析：这是一则寻物启事。失主在正文中交代出遗失物品的具体时间、地点及丢失原因，遗失物品为公文包，详细介绍了内装物品；为感谢送还者，失主许诺重金酬谢，并留下了联系电话。文字精练、篇幅短小、格式规范、态度诚恳。

招领启事

10月8日晚，某同学在学校运动场拾到白色手提包一个，内有钱物若干。望失主携带证件到学校保卫处认领。

×××学校保卫处
2018年10月9日

评析：这是一则招领启事，与寻物启事不同，介绍拾到物品的内容不需要精确，且要求认领者携带证件，以防冒领。文字精练，格式规范。

例 3

征文启事

为深入学习贯彻习近平总书记在庆祝中国共产党成立100周年大会上的重要讲话精神，学校决定面向我校青年干部开展"青春心向党、奋进新征程"主题征文活动。

一、征文主题与内容

鼓励我校青年干部对习近平总书记"七一"重要讲话精神进行深学细研，围绕感悟党的伟大成就、弘扬伟大建党精神、走好新的赶考之路等内容撰写心得体会，结合本职工作深化研究阐述，形成一批有深度、有质量的学习成果，展现我校青年干部党史学习教育成效。

——感悟党的伟大成就。"七一"重要讲话系统回顾了中国共产党成立一百年来波澜壮阔的光辉历程，是我们党以史为鉴、开创未来的政治宣言书。深入感悟我们党为国家、为人民、为民族、为世界进行的不懈奋斗、作出的伟大贡献，充分展现青年干部的学习体会和思想认识，进一步深化学史明理、学史增信、学史崇德、学史力行，增强在党的领导下实现中华民族伟大复兴的志气、骨气、底气。

——弘扬伟大建党精神。"七一"重要讲话首次提出了"坚持真理、坚守理想，践行初心、担当使命，不怕牺牲、英勇斗争，对党忠诚、不负人民"的伟大建党精神，是中国共产党的精神之源。深入领会伟大建党精神的重大意义、丰富内涵，充分展现青年干部积极做好伟大建党精神的宣传者和践行者，永远把伟大建党精神传承下去、发扬光大，在苦干实干中奋勇前进，为教育事业矢志奋斗。

——走好新的赶考之路。"七一"重要讲话围绕以史为鉴、开创未来，鲜明提出"九个必须"的根本要求，为走好新的赶考之路指明了方向。教育是国之大计、党之大计，深入分析学校工作面临的新形势新任务，结合习近平总书记对广大青年的深情寄语，充分展现青年干部牢记"国之大者"，全面贯彻党的教育方针，立足本职工作，加快推进教育现代化、办好人民满意的大学。

二、具体要求

1. 内容要求：紧密联系实际，主题鲜明，条理清晰，语言流畅，体裁不限，可论述、议论，可叙述（真人、真事）、总结，也可以是诗歌、散文等，切忌空洞无物，题目自拟，篇幅以1000~3000字为宜，征文作品必须是未发表过的原创作品。

2. 格式要求：文稿统一要求为Word文档，题目用二号（或小二号）小标宋体字，正文用三号仿宋体字，单倍行距；请在文稿末尾注明作者姓名、部门。

3. 作者要求：本次征文活动参与对象为我校40周岁以下青年。

4. 作品报送：原则上每人报送作品限1篇。请于9月15日前将作品电子版发送至党委办公室邮箱：db@ouchn.edu.cn。联系人：张波，电话×××9824。

××大学党委办公室

校团委

2021年××月××日

评析：这则征文启事首先讲明目的是深入学习贯彻习近平总书记在庆祝中国共产党成立 100 周年大会上的重要讲话精神，交代了征文的意图和意义，明确了主题，激发作者创作和参与热情。其次是说明征文内容要求和撰写要求，再次提出了征文组织事项、征文时间等。总体来讲这是一则合乎规范的征文启事，条理清楚、事项完备、语言简洁。

实战演练

1．指出下列启事中的错误。

赵林在篮球比赛后忘记带走自己的一件灰色夹克外套，等他回到操场边去寻找时，发现衣服不见了。他决定撰写一份寻物启事，内容如下：

哪位同学捡到一件衣服，请交还给赵林。

2018 年 3 月
赵林

2．通过学习关于启事的相关知识，赵林已经知道了自己的问题，就第 1 题中赵林遇到的问题，你觉得接下来他应该怎样撰写寻物启事呢？

3．学生会干部张超需要完成一份关于美化校园环境的征文启事，如果你是他的同学，准备如何帮助他？如果你来撰写，应该怎样着手？请撰写出一份关于美化校园环境的征文比赛的启事。

4．袁芳在第五教学楼捡到了一个皮夹，里有身份证、学生证、借书证、银行卡各一张，同时还有现金若干，请代袁芳撰写一份招领启事，并同时为失主撰写一份寻物启事。

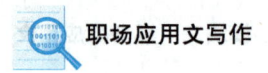

2.4 申请书

 情境导入

大学毕业后,刘艳应聘成为某公司的一名员工,现 6 个月的试用期已满,根据合同规定她需要提交一份转正申请。她试着写了一份申请书,然后请同事给她提意见。同事告诉刘艳这份转正申请有问题,修改不好可能会影响到这次转正。

转正申请书

我于 2021 年 8 月 10 日成为公司的试用员工,到今天半年试用期已满,根据公司的规章制度,现申请转为公司正式员工。

经过这半年,我现在已经能够独立处理公司的接待事项,整理部门内部各种资料,进行各项事务申报,协助进行总结分析,从整体上把握公司的接待运作流程。

这是我的第一份工作,半年来我学到了很多,感悟了很多;看到公司的迅速发展,我深深地感到骄傲和自豪,也更加迫切地希望以一名正式员工的身份在这里工作。

刘 艳

如果你是刘艳的同事,会怎么帮她修改这份申请书呢?

训练指导

一、申请书的含义

申请书是个人、单位、集体向组织、领导提出请求、表达意愿,并要求批准或帮助解决问题时所使用的一种专用书信。申请书作为一种办事的重要工具,广泛应用于工作和生活的方方面面。只要是需要上级组织给予批准或帮助的,都可以用这种文书来表达意愿。

二、申请书的种类

申请书广泛地应用于工作和生活之中,而且需要上级组织给予批准或帮助的情况也很多，因此申请书的内容繁杂，种类繁多。从作者署名来看，可分为个人申请书和单位、集体公务申请书。从内容用途来看，可分为思想政治生活方面的申请书，如入党申请书、入团申请书等；工作学习方面的申请书，如入学申请书、转学申请书、在职进修申请书、工作调动申请书等；日常生活方面的申请书，如住房申请书、困难补助申请书等。

三、申请书的作用

申请书的使用范围广泛。个人对党团组织或其他群众团体表达志愿、理想和希望时，要使用申请书；下级员工在工作、生产、学习、生活等方面对上级领导有所请求时，也可以使用申请书。申请书把个人或单位的愿望、要求向组织或上级领导表达出来，让组织或上级领导加深对自己或下级员工的了解，争取组织或上级领导的批准和帮助，加强了上级领导与下级员工之间、集体与个人之间的联系。

四、申请书的结构

申请书的结构由标题、称谓、正文、结语和落款 5 个部分构成。

（一）标题

申请书的标题有以下两种形式。
（1）由性质加文种构成，如《入团申请书》，这也相当于公文"事由＋文种"的两要素标题。
（2）用文种"申请书"作为标题。

（二）称谓

另起一行，顶格加冒号写明接收申请书的单位名称或领导人姓名，如"×××团支部："" 系总支领导同志："等。也可以在称呼的前面加一个敬辞，以表示对对方的尊敬，如入党申请书的称谓"敬爱的党组织："等。

（三）正文

申请书的正文部分一般包括以下 3 项内容。
（1）申请内容。开篇就要向领导、组织提出申请什么。要开门见山，直截了当，不含糊。也可以在提出申请要求之前先概括地介绍自己的情况，这样能使受理部门的经办人马上知道申请人是谁，明白申请书的"来意"。

（2）申请原因。说明申请书的目的、意义及自己对申请事项的认识。

（3）决心和要求。最后进一步表明自己的决心、态度和要求，以便上级领导了解申请人的认识和情况，此处应写得具体、详细、诚恳有分寸，语言要朴实准确，简洁明了。

（四）结语

申请书可以有结语也可以没有。结语一般是表示敬意的话，如"此致敬礼"等。也可以写表示感谢和希望的话，如"请组织考验""请审查""请领导批准"等。

（五）落款

在右下方署申请人姓名，并在下面注明年、月、日。

五、申请书的撰写要求

撰写申请书时要注意以下事项。

（1）撰写申请书的时候尤其应该注意避免将其写成普通书信。普通书信是亲朋好友之间情感与情况的交流，语言比较随意，口语化成分比较多；而申请书是一种向上级领导陈述的文字，所以申请书的语言要严肃、准确、简洁。

（2）申请事项要写得清楚、具体，涉及的数据要准确无误。

（3）申请理由应写得充分、合理、实事求是，不能杜撰或虚夸，否则难以得到上级领导的批准。

 示例2.4

转正申请

尊敬的公司领导：

  我于20××年6月从××学院毕业后正式进入公司实习，根据公司的需要，目前担任×××××项目办公室文员一职，负责项目部办公事务。3个月多月以来，我在公司领导的指导、项目负责人的引导及同事们的热心帮助和配合下，较好地完成了各项工作任务。现将工作情况简要总结如下。

  一、严于律己，诚以待人

  我认真工作，自到公司上班以来，每天按时上下班，严格按照公司制度要求自己。同时具有较强的责任心和进取心，勤勉不懈，热情工作；性格开朗，乐于与他人沟通。执行力强，尽全力完成领导交付的工作，和公司同事之间能够通力合作，相处融洽，配合项目负责人成功地完成了各项工作；积极学习新知识、新技能，注重自身发展和进步，平时利用下班时间自学,来提高自己的综合素质,以期将来能学以致用,同公司共同发展、进步。

二、从工作中总结经验教训

接待业主进场装修,收取各种装修管理费用,跟同事一起进行装修管理。在这期间我意识到:现实生活中的业主,并不像书本上所述的那样通情达理,只了解法律规定的条条框框是没有用的,更多的是要懂得人际交往的知识,将所学知识融入生活中才能事半功倍,遇事做出必要的让步,才能化干戈为玉帛。

对于业主的违规行为,物业公司有时候真的很无奈。在这种情况下,公司首先要做的就是免责工作即免除自己的责任,掌握证据为自己解除后顾之忧。

接待业主领取入住的相关物品,收取车辆管理费用。这项工作的重点是留存物品签收清单,防止粗心大意的人对相关事宜矢口否认。

在业主入住后最大的工作就是收取各种物业代收费用。我感受到了世界上最难的事情就是收钱。对于那种不自觉的人,我们稳妥的做法也许只有"电话催,家家跑,户户敲"!

我工作中重要的部分还有资料打印、材料递送和日常琐事。在工作中我终于明白老师说的那句话"好的物管员什么都得懂一点儿,什么都得会一点儿"是什么意思了。所以,在工作中我不断向同事学习各种技能,我相信凭着自己高度的责任心和自信心,一定能成为一个好的物业从业人员。

我非常喜欢公司团结向上的企业文化和融洽的工作氛围,希望能成为其中一分子。在此我特向公司提出转正申请,恳请领导予以批准。

申请人:×××
申请时间:××××年××月××日

评析:该申请正文开头介绍了个人基本情况和工作态度,然后重点陈述了自己的工作成绩和心得体会,最后表达成为公司正式员工的诚恳愿望,要点全面。

实战演练

请你代"情景导入"案例的刘艳,修改她的转正申请书。

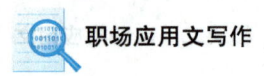

2.5 计　　划

情境导入

　　许梅是某职业院校市场营销专业的毕业生，活泼开朗的她进入国内一家中型房地产企业做了一名房地产销售员。工作一年来，由于勤奋好学、不甘人后，许梅取得了不俗的销售业绩，得到了领导和同事的认可。新的一年又开始了，在部门经理传达了2023年销售任务后，许梅决定拟一份工作计划，希望自己能以全新的面貌投入未来的工作。

　　"凡事预则立"，计划是工作的先导，事前计划是十分必要的。请你替许梅拟一份工作计划。

训练指导

一、计划的含义和分类

　　计划是单位或个人为了在一定时限内完成某项任务而预先对目标、措施和步骤做出设计安排的事务性文书。计划是计划类文书的统称，规划、方案、要点、设想、打算、意见和安排等均是计划。

　　按照不同的标准，计划可以分为以下不同的种类。

　　（1）按性质分，有综合性计划、专题性计划。

　　（2）按内容分，有工作计划、生产计划、军事计划、教学计划、科研计划和学习计划等。

　　（3）按时限分，有跨年度计划、年度计划、季度计划、月份计划、旬计划和周计划；也可将计划分为长期计划、中期计划和短期计划。

　　（4）按范围分，有国家计划、地区计划、部门计划、单位计划、班组计划和个人计划等。

　　（5）按形式分，有条文式计划、表格式计划，以及条文与表格相结合的计划。

　　（6）按行政效力分，可分为指令性计划和指导性计划。

　　在实践中，不同的计划因内容上的差异，往往选用不同的名称，具体如下。

　　（1）纲要。纲要是指对全局范围内带有远景发展设想的某项工作所做出的提纲挈领式的总体计划，一般由级别较高的机关制订，其内容原则性较强，属于概括性的文件，如《国家中长期教育改革和发展规划纲要（2010—2020年）》。

（2）规划。规划是指时间比较长、范围比较广、内容比较概括的计划，是对未来整体性、长期性、基本性问题的思考、考量，以及设计未来整套行动的方案，如《2003—2010年全国农民工培训规划》。

（3）方案。方案是指对要做的某一专项工作，从总体上做出的周密安排，一般包含指导思想、主要目标、工作重点、实施步骤、政策措施、具体要求等项目，如《违章行为综合治理方案》。

（4）设想。设想是指对某项具体工作做出粗略构想的非正式计划，如《2021年工作设想》。

（5）工作要点。工作要点是指在一个时期内的工作指导原则和总体要求、主要的工作任务（即应把握的重点），如《2021年党建工作要点》。

（6）安排、打算。安排、打算是指对短期内所做工作提出的具体计划，如《2021年全年公休假放假安排》。

二、计划的特点

计划具有指导性、预见性、目的性、可行性、约束性的特点。

（一）指导性

计划是以人们对客观规律的认识为基础，通过人的思维加工而制订的。它是对实践的反映，反过来又指导着人们的实践。计划从本质上来说是一种自我规范性文件，具有很强的指导作用。

（二）预见性

计划制订者要正确地判断实际情况，并且对未来一定时期内的工作应做出合理的安排。这种由未经行动的情况到成为事实的内容，包含着预测未来的特征。

（三）目的性

计划中所采取的措施和办法，从根本上来讲无一不是为了一定的目的服务的，目的性是计划的灵魂和生命，是它的出发点。

（四）可行性

计划以实现工作为基础，既不能毫无突破、无所进取，又不能脱离实际、好高骛远，必须在充分考虑主客观条件的情况下，实事求是，切实可行。

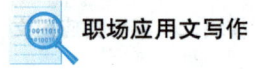

（五）约束性

计划体现着决策单位或个人的要求和意图，一经产生、通过、下达就要严格遵照执行，否则计划将变成一纸空文，所以计划的约束性又是实现一定计划目标的保证。

三、计划的撰写思路

计划可以按照目标、措施和步骤的"三要素"来撰写。
（1）目标（任务和指标），这是计划的工作方向。
（2）措施（完成任务的途径和方法），这是实现计划的保证。
（3）步骤（工作的程序和时间安排），这是对计划的具体落实。

四、计划的结构模板

计划一般由标题、正文和落款 3 个部分组成。

（一）标题

（1）公文式标题由"单位＋时限＋事由＋文种"组成，如《××电子公司 2022 年上半年销售计划》。
（2）省略式标题由"事由＋文种"组成，如《有氧操健身计划》。

（二）正文

（1）前言：概写计划制订的依据、目的、背景等（为什么做）。
（2）主体：主要写明任务要求（做什么）和方法措施（怎么做）。
（3）结尾：简写修订或检查的方式方法、完成时间和注意事项等，可省略。

（三）落款

制订计划的单位名称或个人姓名，以及制订的时间。

五、计划的撰写要求

撰写计划时要注意以下事项。
（1）计划必须符合党和国家的方针政策、法律法规及上级的指示精神，必须遵循下级服从上级、小局服从大局、局部服从整体的原则。

（2）实事求是，具有可行性。制订计划时要进行深入认真、系统全面的调查研究，根据本单位或自身客观存在的实际情况及其规律，既要敢想敢做、积极进取，又要从实际出发，量力而行，既要安排紧凑，又要留有余地。切不可一味追求高指标或仅从个人的主观愿望出发，按个人意志办事。不费吹灰之力就能完成和竭尽全力也无法完成的计划都不是好的计划。

（3）制订计划时要充分发扬民主精神，群策群力：一方面使计划更完善；另一方面让群众充分了解计划的要求，明确奋斗目标，从而更好地发挥实施计划的主人翁作用。

（4）计划要突出中心和重点，不能各项工作"等量齐观"。中心、重点就是主要矛盾，抓住了主要矛盾，其他问题就会迎刃而解。

（5）制订计划时必须具体明确。计划的目的、任务、要求、措施、步骤等内容都应以简洁、准确的文字具体明确地表述清楚，要尽量做到具体化、可操作性强。

示例 2.5

例 1

2018 年房地产销售工作计划

一、宗旨

本计划预计完成销售指标 10 亿元，达到小组增员 10 人。制订本计划的宗旨是确保完成指标、实现目标。

二、目标

1. 全面、深入地掌握我们"产品"的地段优势并做到应用自如。

2. 根据自己以前所了解的和从其他途径搜索到的信息，收集客户信息 1000 条。

3. 锁定有意向客户 30 个。

4. 力争完成销售指标。

三、措施

众所周知，现代房产销售的竞争，就是服务的竞争。服务分为售前服务、售中服务和售后服务，而我们房产销售也是一种"服务"，所以前期工作（即售前服务）更是我们工作的重中之重。正因如此，我的工作也是围绕"售前服务"来进行的。

1. 多渠道、广泛地收集客户资料，做初步分析后录入系统，在持续的信息录入过程中不断地提高自己的业务水平，使自己在对房产销售特点掌握的基础上进一步地深入体会，做到在客户面前应用自如、对答如流。

2. 对有意向的客户应尽可能多提供服务（如根据其需要及时通知房源和价格等信息），目的是让客户了解房源和价格，在此基础上与客户进行互动与沟通。

3. 在用电话与客户交流的过程中，实时掌握其心理动态，并可根据这些信息将客户分类。

4. 在交流的过程中，锁定有意向的客户，并保持不间断的联系沟通，在客户对我们的"产品"感兴趣或希望做进一步了解的情况下，可以安排面谈。

5. 在面谈之前要做好各种充分的准备，做到对房源、面积、单价等了如指掌。

6. 对每次面谈后的结果进行总结与分析，并向领导汇报，听取领导的意见。克服困难，调整心态，继续战斗。

7. 在总结和摸索中前进。

四、评估与总结

在一个月后，要对该月的工作成果、计划执行情况做一次评估，总结得失，为下个月的工作开展做准备。

×××
2018年3月2日

评析：这是一篇房产销售人员的个人工作计划，采取了条文式方法来撰写。该计划层次清晰，内容完整，计划目标十分明确，措施具体、可操作性强。

例2

表2-1所示为某公司与杨庆生物集团签约的日程安排。

表2-1　某公司与杨庆生物集团签约的日程安排

日期	时间	地点	参与人	拟达成目标	洽谈要点	备注
8.28周三	16:05	机场	刘创佳	机场接机		
	18:05	总府皇冠假日酒店	王董事长徐总经理刘创佳	1. 晚餐 2. 王董事长了解成都业务	1. 汇报成都市场开拓工作； 2. 介绍杨庆生物集团基本情况及第二日洽谈要点	
8.29周四	9:30—12:00	杨庆生物集团B20会议室	我方：王总经理、傅副总经理 对方：杨刚奇总经理、王庆生董事	签订合作协议	1. 全面陈述我公司实力，再次增强对方信心； 2. 与杨庆生物集团的合作将是长期的	
	12:10—14:00	与杨庆生物集团高层在××酒店共进午餐，庆祝合作成功				
	18:00	清水茶馆	王董事长、杨刚奇总经理、王庆生董事、徐总经理			
8.30周五	10:00	机场		送王董事长		

评析：这是一份表格式计划。撰写表格式计划，难点是表格纵/横向内容的设计，也就是时间、地点、任务、事件的对应关系。该示例的时间、地点具体，人物内容清晰。

 **实战演练**

1. 你的大学生活有计划吗？为了让自己的大学生活过得充实而有意义，请为自己制订一份大学学习和生活的计划。

2. 万芳准备在新学期参加大学英语四级考试，请替她拟订一份英语复习计划。

3. 病文纠错。

寒假来临，我要着重复习语文课程内容，特别要练好读书基本功。

一、参加补习班。不迟到，不缺席，用心听讲，按时、按要求完成作业。

二、听讲座。结合讲座内容，将所学的语文知识做系统的整理。精读重点名篇10篇，并做读书笔记。

三、自学《中学生文言文阅读指导与训练》一书。每日读练20篇，假期自修完300篇短文。

四、坚持记日记，假期至少完成3篇写作练习，在写作中认真纠正错别字。

五、每周末检查一次计划的执行情况，提出改进办法。

六一学校王明

4. 阅读下面的材料，完成练习。

企业发展规模：新建××车间，发展××产品的生产；扩建××车间，使××种类产品的生产比上年提高××%，年产量达到××万只。增加工程技术人员、技术工人和部分管理人员，使之分别从现有的××人增加到××人。

产品发展方向：与××研究所合作，积极研制新产品，其中××新产品已达到国际先进水平。对现有××等几种产品进行技术改造，以符合国内和国际市场的需要。

总目标：研制尖端产品、赶上国际先进水平；进行部分老产品的更新换代；新建和扩建部分生产车间；大力培训工人，促进技术进步，提高企业经营管理水平和经济效益。

主要经济指标包含以下几个。①提高劳动生产率。随着新设备、新技术的应用和工人生产技术的提高，全年全员劳动生产力比现在提高××%左右。②增加总产值。年总产值达××××万元，比现在提高××倍。③降低产品成本。通过提高劳动生产率，减少原材料、燃料等物资的消耗，使产品成本比现在降低××%左右。④加速资金周转。在产量增加的情况下，尽量不增加流动资金，缩短资金的周转期。⑤提高盈利水平。在增加生产、降低消耗的基础上，使利润从现在的×××万元，增长到×××万元。

措施：①举办各种培训班，提高工人文化素质；②加强管理，严格制度；③开展劳动竞赛，提高劳动生产率；④严肃财经纪律。

（1）根据上面的材料，请你撰写一篇条文式的"××企业年度工作计划"（可以合理想象，补充一些项目和资料）。

（2）请你将条文式计划改成表格式计划。

2.6 总　　结

情境导入

临近毕业，某旅游学院2017级酒店管理班的36名同学经学校安排，到本市的东方大酒店进行毕业实习，为期3个月。该班学生黄筱筱主动要求承担前台接待工作，她的指导老师是一位有着丰富接待经验的主管——马丽。实习期间，黄筱筱勤奋努力、不怕苦、不怕累，虚心向马丽老师学习。3个月转眼过去了，由于肯动脑子，善于总结，黄筱筱也很快从一个前台接待的"新手"历练成一个前台接待的"老将"。实习结束，黄筱筱被实习单位评为优秀实习生。根据学校要求，黄筱筱需要就这段实习经历撰写一篇总结。

毫无疑问，善于总结也是个人成长和进步的重要途径和方法，为此，我们必须学会写总结。那么，什么是总结？黄筱筱同学该如何写好这篇实习总结呢？

训练指导

一、总结的含义

总结是对已经做过的工作进行理性思考后写出的文字材料。总结主要包括基本情况、成绩和做法、经验和教训、今后计划四大部分内容，它要回顾的是过去做了什么，如何做的，做得怎么样。总结与计划是相辅相成的，总结要以计划为依据，制订计划是在总结经验的基础上进行的。其间有一条规律，就是"计划—实践—总结—再计划—再实践—再总结"。

二、总结的分类

总结按照不同的标准可以进行如下的分类。

（1）按总结的时间分，有年度总结、半年总结、季度总结，在执行某项重大任务时，还要进行分期总结或阶段性总结。

(2) 按总结的范围分，有单位总结、个人总结。
(3) 按总结的性质分，有工作总结、生产总结、教学总结、科研总结等。
(4) 按总结的内容分，有综合性总结、专题总结等。

三、总结的作用

总结的作用在于认识事物发展的客观规律性，指导未来实践，以增强实践的自觉性，避免盲目性。一件工作完成后，干得是好是坏，原因何在，往往不是一下子就能够分析清楚的，常常是知其然而不知其所以然，停留于感性认识的阶段，认识是零碎的、片面的。通过总结，认真地进行"去粗取精、去伪存真、由此及彼、由表及里"的分析，可以肯定成绩，发现问题，从中总结经验、吸取教训，借以指导今后的实践行为；通过总结，可以培养自己观察事物、分析事物的能力，从而掌握事物的发展规律；通过总结，可以向上级领导提供情况，可以对下级进行宣传推广，也可以向他人传授经验。

四、总结的特点

总结具有以下 4 个特点。

（一）自我性

总结是对自身社会实践进行回顾的产物，它以自身工作实践为材料，采用第一人称的写法，其中的成绩、做法、经验、教训等，都有自我性的特征。

（二）回顾性

关于回顾性这一点，总结与计划正好相反。计划是预想未来，对将要开展的工作进行安排。总结是回顾过去，对前一阶段的工作进行回顾、检查，但目的还是做好下一阶段的工作。所以，总结和计划的关系是十分密切的：一方面，计划是总结的标准和依据；另一方面，总结又是制订下一步工作计划的重要参考。

（三）客观性

总结是对前一阶段社会实践活动进行全面回顾、检验的文种，这就决定了总结具有很强的客观性特征。它以自身的实践活动为依据，所列举的事例和数据都必须完全可靠，确凿无误，任何夸大、缩小、随意杜撰、歪曲事实的做法都会使总结失去其应有的价值。

（四）经验性

总结必须从理论的高度概括经验教训。凡是正确的实践活动，往往会产生物质和精神两个方面的成果。作为精神成果的经验教训，从某种意义上来说，比物质成果更宝贵，因为它对今后的社会实践有着重要的指导作用。这一特性要求总结必须按照"实践是检验真理的唯一标准"的原则，正确地反映客观事物的本来面目，找出正反两个方面的经验，得出经验性认识，这样才能达到总结的目的。

五、总结的内容与结构

总结一般由标题、正文、结尾和落款4个部分组成。

（一）标题

总结的标题，常用的写法有以下3种。

（1）标明总结的范围、期限、内容、文种，类似行政公文标题的写法，如《××学院2021年工作总结》。

（2）以总结的内容、主题为标题（文章标题式），如《采用适合天津财经大学办学特点的形式进行改革》《在竞争中求发展》。

（3）正副标题式：正标题标明总结的中心、内容，副标题标明总结的范围、时间、种类，如《节水措施的新尝试——天津财经大学使用智能IC卡系统节水总结》。

（二）正文

1. 正文的内容

总结的正文一般包括以下内容。

（1）基本情况。这部分也称导言，是文章的开头。主要是进行总的工作回顾，概述主要工作，介绍工作活动的背景、环境、形势及总结分几部分等。

（2）成绩和做法。这是总结的中心和重点，基于事实和数据分析自己的工作取得了哪些主要成绩，采取了哪些方法和措施，收到了什么效果等。

（3）经验教训。取得成绩一定有经验，存在问题一定有教训。为了巩固成绩，克服缺点，在总结时，需对以往工作的经验教训进行分析、概括、集中，对取得的成绩和产生错误的原因进行分析，并把它提升到理论的高度来认识，作为今后工作的借鉴。

（4）存在的问题和今后的设想。写出今后的工作设想，或针对存在问题提出今后的改进意见或努力方向。

总结的正文一般包括以上4个部分，但不一定面面俱到、一一写出，可以有所侧重，或者重写成绩，或者重写经验，或者重写教训。写什么，如何写，一切要从实际出发，灵活处理。

2. 正文的结构

总结正文的结构通常包含以下 3 种。

（1）并列式（横式）：按照工作内容，从类别角度进行总结，可以按所取得的成绩或存在的问题来安排总结内容。

（2）递进式（纵式）：按事物的发展过程安排层次。一般把整个工作过程分成几个阶段（按时间顺序写），再分别对各个阶段的状况进行分析，找出每个阶段的经验教训。这样有助于了解工作的始末。工作周期较长，又有明显阶段性的工作，不论是综合总结还是专题总结，都可以使用这种方法。

（3）综合式：综合运用并列式与递进式，纵横交错，事理结合。这种结构既体现了事物的发展过程，又有助于梳理内容的逻辑关系。

（三）结尾

结尾是正文的收束，应该在总结经验教训的基础上，提出今后的方向、任务和措施，表明决心、展望前景。这部分内容要与开头相照应，篇幅不应过长。有些总结在主体部分已将这些内容表达过了，就不必再写结尾了。

（四）落款

署名要写全称，写在正文右下方，日期写在署名之下，也可在标题之下署名。如果标题已写明单位名称，则不必再署名。

六、撰写总结的注意事项

撰写总结时应注意以下事项。

（一）要坚持实事求是的原则

实事求是、一切从实际出发，这是撰写总结的基本原则，但在撰写总结的实践中，违反这一原则的情况屡见不鲜。有人认为"三分工作七分吹"，在总结中夸大成绩，隐瞒缺点，报喜不报忧。这种弄虚作假、浮夸邀功的不良作风，对单位、对国家、对事业、对个人都没有任何益处，必须坚决制止。

（二）要注意共性、把握个性

总结很容易写得千篇一律、缺乏个性。当然，总结不是文学作品，无须刻意追求个性特色，但千部一腔的文章是不会有独到价值的，因而也是不受人欢迎的。要写出个性，总结就要有独到的发现、独到的体会、新鲜的角度、新颖的材料。

（三）要详略得当，突出重点

有人在撰写总结时总想把一切成绩都写进去，不肯舍弃所有的正面材料，结果文章写得臃肿拖沓，没有重点，不能给人留下深刻的印象。总结的选材不能求全贪多、主次不分，要根据实际情况和总结的目的，把那些既能体现本单位、本地区的特点，又有一定普遍性的材料作为重点来选用，写得详细、具体。而一般性的材料则要略写或舍弃。

 示例2.6

例1

××学院党支部2021年工作总结

2021年，××学院党支部以习近平新时代中国特色社会主义思想为指导，深入贯彻党的十九届五中、六中全会精神，按照学院党支部统一部署，努力以高质量党建引领高质量发展。对标学院基层党组织考核指标要求，将具体情况总结如下。

一、发挥战斗堡垒作用，抓好党建基础工作

支部坚持通过"三会一课"、主题党日活动、交流研讨、参观学习等多种方式，促使党员增强"四个意识"、坚定"四个自信"、做到"两个维护"。全年组织召开支部大会18次，支委会15次，党小组会48次，开展主题党日活动12次，参与学院领导讲党课6次，开展党支部书记讲党课2次；严格落实组织生活会、谈心谈话、民主评议党员等制度，形成谈心谈话记录表百余份。

抓好党员队伍建设。全方位、多角度考察发展对象的政治素质和表现，认真做好7名入党积极分子的培养工作；选派支委参加教育部组织的处级干部培训；按期足额交纳党费。

加强廉政纪律教育。召开支部大会传达典型违规违纪案例3次，开展"守纪律 讲规矩 严作风"主题党日活动，组织观看警示教育片，做好"廉政家书"发放及签收工作，通过多种形式及时在重要节日对党员干部进行提醒预警。

落实全面从严治党工作要求。坚持把全面从严治党纳入学院发展规划总体布局，年初制订党支部工作计划，对全面从严治党工作进行细化分解，做到逐一研究部署落实。健全完善议事决策制度。坚持"三重一大"集体决策程序，严格落实重大事项签报制度，加强党对学院工作的全面领导。

二、聚焦党史学习教育，落实党建重点任务

全年以党史学习教育为主线，组织支部党员学深学精《中国共产党简史》等4本指定读物，按照支部《党史学习教育实施方案》要求，规定动作全部完成，自主创新动作富有成效。3月份，学院×××书记率先启动党史学习教育，营造党史学习教育氛围，讲"向前辈学习讲好中国故事、国开故事、实验学院故事"专题党课，促进党史学习教育与宣传工作相结合。坚持理论与实践相结合，述学、述职、述廉相贯通，组织"因党而兴，铸对党忠诚之魂""循脉而行，守立德树人初心"等专题学习，支部书记带头学、领先学。建立学做结合机制，组织党员参加"党在我心中"党史知识竞赛活动；组织党员按时完成学校统一命制的测试题目；共撰写20篇"党员谈党史"学习教育感悟，10份"百年真情告白"；组织全体党员学习《百年党史》思想政治理论课，并在规定时间内完成全部学习任务。

除在完成学院规定的动作外，支部还通过"听、看、读、联、练"创新党史学习教育形式。邀请支部党员倾听《伟大征程、长征组歌》音乐会，感受音符上的"红色经典"历史；联合外语教学部等4个党支部共同观看《家有九凤》话剧，感悟党在各个历史时期淬炼锻造的家庭精神谱系，开展《金刚川》观影活动；开展"我为党吟首诗"诵读活动，庆祝中国共产党成立100周年；持续开展走出去战略，开展"党史云联学"等联学活动；围绕"练"，通过"撰写心得体会、每月党史测试、录制党史微课"实现学做结合。

多种方式促进学史力行，一线规则持续深入。深入开展"我为师生办实事"实践活动，20位党员立足岗位实际，明确承诺事项，展现党员责任担当。形成支部层面"我为师生办实事"项目清单和工作台账，多次召开专题会议研究落实，并在年底全部完成任务。支部书记带队赴×××等学习中心进行调研，了解基层教学及学生工作开展情况，现场为学习中心师生解决难题。

三、创新工作方法，推动党建业务融合

重点围绕"用好、用活、用足"新院区信息化教学大楼，利用先进的VR实训室、高端录课室等，促进党建与业务工作融合。

1.邀请学院各党支部到新院区体验信息化办公环境，先后与经管教学部党支部等4个支部联合开展主题党日活动，通过联学促进业务交流。

2.在VR教室开展"传承红色基因，弘扬革命精神"主题党日活动，通过VR沉浸式、互动式体验学习，让党员在数字科技赋能的"红色之旅"中接受党史学习教育。

3.充分利用信息化教学大楼技术资源和平台优势，全体党员广泛参与，共录制7个微党课视频，还录制了"我为党吟首诗"微视频。

4.面向学生开展"讲党史故事 做奋进青年"青年大联学、爱国主义诗词朗诵、爱党爱国歌曲大联唱等思政教育活动，引导青年做爱国奉献的新时代奋斗者。

5.印发《关于深入推进思想政治教育的通知》，面向学院体系开展课程思政教学案例大赛活动，把思政教育贯穿教育教学全过程。

四、支部工作特色与亮点

1.设置党员"先锋岗"，发挥支部战斗堡垒作用，支部20名党员主动承担学院90%以上的重点工作任务。

2.档案建设更加规范，形成党支部标准化档案，魏公村校区设置专门的智慧党员活动室。

3.连续四年开展党建工作"走出去"战略，引领党建与业务工作相融合。在前三年组织实施与天津农学院等学院内外20余个党支部联合开展活动基础上，与学院内外8个党支部联合开展5次主题党日活动。

4. 深入践行一线规则，及时解决师生关注的热点难点问题。落实联系基层学习中心工作制度，组织全体科级以上干部、支委委员与20个民办合作单位开展基层学习中心联系活动，解决基层学习中心急难愁盼问题。

5. 持续践行爱心的延续性。在连续三年组织实施"关爱特殊儿童，情暖视障学生"等捐赠活动之后，为云南丽江扶贫项目师生捐赠231本教材及辅导书籍。

6. 持续创新党支部书记讲党课模式。以"翻转课堂＋研讨方式"、融合"互联网＋"思维创新讲专题党课，支部书记紧密结合党史学习教育和业务工作，以"学党史 见行动 办好学院"为主题为全体党员上党课。

7. 支部全体党员凝心聚力，锐意进取，大力弘扬伟大建党精神，被评为"教育部直属机关先进基层党组织"；真抓实干，攻坚克难，助力脱贫攻坚，荣获国家开放大学扶贫工作先进集体。

××学院党支部

2021年12月27日

评析：这则党支部工作总结对照基层党组织考核指标，以条款式列出了重要成绩与特色，清晰明了。作者总结提炼内容得当，语言简洁。

例2

平凡应用文　笔下出惊奇
——应用文写作学习总结

光阴似箭，日月如梭，一个学期很快过去了，盘点一个学期的学习情况，我觉得应用文写作是我学得最认真、最有成就感的一门学科。因为它让我学会了很多应用文的撰写方法，如求职信、竞聘词、个人简历、公文、计划、总结、调查报告、开幕词、闭幕词、欢迎词、贺词、主持词、活动策划书等，同时也让我认识到了自己的不足。

其实，在最初接触应用文时，我对它并没有好感，其种类之多、写作格式之杂，不免令我觉得有点儿眼花缭乱。不同的种类有不同的写作内容和写作格式，还有不同的惯用语，等等。说句实在话，我刚开始学习时觉得它很烦，每天一上课老师讲完写作格式就得写，还要花费课余时间去找资料等，觉得学习它没有什么实用价值。但是通过一个学期的学习之后，在老师的耐心指导和点拨下，我用心练习写作，发现自己在应用文写作方面居然有了很大的进步，我的文章多次获得老师的表扬，我发现了应用文的独特之处、神奇之处。下面就谈谈我对应用文写作的一些粗浅认识。

一、应用文写作是表达"非我"而非自我的写作

应用文写作的大多数文体是要站在某一群体、某一组织、某一集团的位置上的，它们传达的是被代表单位发出的信息，接收者也往往是集团性质的，或者众多个体的，如公函、通知，所以在写作时不要总想着自己，而应多考虑文中代表的单位立场。因为它表达的是"非我"而非自我。比如为某个领导草拟文件，一定要先弄清楚领导的意图，看其目

的是鼓励、表扬，还是批评，不然就会有"返工"的苦恼，这样也会给领导留下不好的印象，引起其对你工作能力的怀疑。当然也有极少数应用文是站在自己的角度，表达自己的思想的。它们或者抒发自己的感想心绪，或者阐述自己的观点，或者按照自己的理解去说明，如演讲词、个人总结。而有些文体是两者皆可的，如祝词、贺词、欢送词……所以，应用文写作时思考的角度很重要，我们必须做到"文如其事，恰如其分"。

二、应用文是"死板"而不乏灵活的写作

虽然应用文在格式上要求严格，讲究规范，但是并不代表所有的应用文都没有自由发挥创造的空间。无论是公文写作、专用文件的草拟，还是规章制度的草拟，我们在长期的写作过程中，往往得按照约定俗成的写作格式去写，但这并不代表我们不能灵活发挥。如标题的拟定，对发文目的、依据、缘由的表述等，也可以随我们自由发挥，一些应用文如竞聘词、欢迎词、贺词等，也是可以充分展示我们的文采的，这些文章没有那么多的规定与套路，我们可以打破陈规、不断创新。

三、应用文是"平实"但不"平凡"的写作

我觉得很多人在看文章时都喜欢那种辞藻华丽的文句和段落，那种文章让人一看就觉得文字很美，能很快融入意境。但应用文不一样，它非常朴实，不同于文学创作的艺术性，写什么都要求用最简单、最精练的文字来表达。虽然应用文没有华丽的辞藻修饰，但依然很受大众的欢迎，有的人喜欢用很多的修饰辞藻来彰显自己文章的非凡，殊不知这样会适得其反。我认为，应用文是"平实"但不"平凡"的。它的适用范围广，文字简洁、精练，无一处不体现着它的非凡。

学习应用文写作心得之多，不胜枚举。它需要我们慢慢地去探索、去发现、去总结。我的这篇小总结还只是应用文"写作奥秘"的一小部分，真正的内涵还需要我们不断地学习，然后发现、总结，只有这样我们才能不断地进步。

涉外文秘班 ×××
××××年××月××日

评析：这篇学习总结贴近职业学生学习应用文写作的实际情况，有感触，有提炼。其中的3个方面的归纳涉及应用文写作的写作立场、格式写法、语言表达等知识，有一定的借鉴意义。

实战演练

1. 学习《习近平谈治国理政》第四卷的内容，结合观看视频《习近平谈治国理政》第四卷中英文版，撰写一篇不少于800字的学习体会。

2. 联系自己本学期以来在德智体美劳几个方面的情况，写一篇1500字左右的学习总结。

2.7 简　　报

 情境导入

　　为了加强校园精神文明建设，丰富同学们的校园文化生活，某职业学院团委组织了"红五月"系列活动，有纪念"五四运动"知识有奖竞赛，有爱国主义观影周，有红色歌曲演唱晚会，有红色海报设计大赛，有"红五月"文化艺术节……该学院团委联合宣传部制作了一期专题动态简报，对"红五月"系列活动进行了特别报道。

　　简报作为一种报道工具，以其灵活的形式在组织内部传递信息，使上情下达，下情上传。如果你是该学院宣传部的一员，你该如何利用简报做好"红五月"系列活动的宣传工作？

 训练指导

一、简报的含义

　　简报，从字面上来说，就是情况的简明报道。它是党政机关、企事业单位、社会团体为及时反映情况、汇报工作、交流经验、揭示问题而撰写的一种内部文件。
　　简报是一种比较古老的文体，它的起源可以追溯到汉代。汉武帝初年，就出现了名为"邸报"的手抄报，简明扼要地反映情况、交流信息。到了唐代，已经出现了印刷的邸报。邸报发展到如今，形成了公开出版的报纸和内部传阅的简报两种形式。
　　简报有很多名称，可以叫"××简报"，也可以叫"××动态""××简讯""情况反映""××交流""××工作""内部参考"，等等。

二、简报的作用

　　简报的作用主要体现在以下几个方面。

（一）向上级机关汇报工作、反映情况

简报可以上行，迅速及时地向上级机关反映本单位、本系统的日常工作、业务活动、思想状况等，便于上级机关及时了解情况，分析问题，做出决策，有效地指导工作。

（二）平级机关之间交流经验、沟通情况

简报也可以平行，用于平级机关、部门之间交流经验、沟通情况，以便于相互学习借鉴，促进工作。

（三）向下级机关通报情况，传达上级机关意图

简报还可以下行，用来向下级机关通报有关情况，推广先进经验，传达上级机关意图。

三、简报的种类

简报的种类繁多，按照不同的分类标准，可以划分为很多不同的类型。按时间划分，简报可分为定期简报和不定期简报；按发送范围划分，有供领导阅读的内部简报，也有发送较多、阅读范围较广的普发性简报；按内容划分，简报可以分为工作简报、生产简报、会议简报、信访简报、科技简报、教学简报等。下面主要介绍4种简报类型。

（一）工作简报

这是为推动日常工作而撰写的简报。它的任务是反映工作开展情况，介绍工作经验，反映工作中出现的问题等。工作简报又可分为综合工作简报和专题工作简报两种。

（二）会议简报

这是会议期间为反映会议进展情况、会议发言中的意见和建议、会议议决事项等内容而撰写的简报。一些规模较大的重要会议，会议代表并不了解会议的整体情况，如分组讨论时的重要发言，有价值的提案等，此时就需要依靠简报来呈现会议的基本情况。重要会议的简报往往具有连续性的特点，即通过多期简报将会议进程中的情况接连不断地反映出来。会议简报一般由会议秘书处或主持单位撰写。

（三）科技简报

这是为反映最新科学技术研究成果、介绍推广新产品、新工艺、新技术、新理论、新动向而撰写的简报。这类简报内容新、专业性强，有的属于经济情报或技术情报，有一定的机密性，必要时需加密级。

（四）动态简报

这是为反映本单位、本系统的思想、政治、经济、文化等方面的情况、信息而撰写的综合性简报。动态简报着重反映与本单位工作有关的正反两个方面的新情况、新动向、新问题，为领导和有关部门研究工作提供准确的第一手资料，向群众报告工作、学习、生产、思想的最新动态。

四、简报的特点

简报具有新闻性、集束性和规范性3个特点，具体如下。

（一）新闻性

简报有些近似于新闻报道，特点主要体现在真、新、快、简4个方面。

（1）"真"是指内容真实，这是新闻的第一特征。简报所反映的内容、涉及的情况，必须严格遵循真实性原则，时间、地点、人物、事件、原因、结果，所有要素都要真实，所有的数据都要确凿。虚构编造不行，移花接木、添枝加叶也不行。

（2）"新"是指内容的新鲜感。简报如果只报道一些司空见惯的事情，就没有太多的价值和意义了。简报要反映新事物、新动向、新思想、新趋势，要成为敏感的"时代的晴雨表"。

（3）"快"是指报道要迅速及时。简报写作要快，制作发送也要简易迅速，尽量让读者在第一时间了解最新的现实情况。新闻界有个说法叫"抓活鱼"，时间拖久了，鱼不活了，味道也不鲜美了。

（4）"简"是指内容集中、篇幅短小、提纲挈领、不枝不蔓。简报名字之前冠一"简"字，可以看出简洁对它来说是多么重要。

（二）集束性

虽然一期简报中可以只有一篇报道，但更多情况下，一期简报会将若干篇报道集结在一起发表，形成集束式形态。这样做的好处是有点有面、相辅相成，加大信息量，避免单薄感。

（三）规范性

从形式上看，简报要求有规范的格式，由报头、目录、编者按、报道正文、报尾等部分组成。其中，报头、报道正文、报尾是必不可少的，而且报头和报尾都有固定的格式（可参见示例）。

五、简报的结构

简报一般由报头、报核、报尾组成。

（一）报头

简报的报头有些类似公文的"红头",一般也需要套红印刷,但又有一些不同之处。首页间隔横线以上称为报头,由简报名称、期数、编发机关、日期、保密提示等项目组成。

简报除用"××简报""××动态""情况反映"等常用四字名称之外,还可加上单位名称、专项工作等内容,如《××大学"三讲"教育简报》。

期数位于简报名称下方正中,加括号。如果是综合工作简报,一般以年度为单位,统编顺排;如果是专题简报,按本专题统编顺排;如果是增刊,就标明"增刊"字样。

编发机关一般是"××办公室"或"××秘书处",位于期数下面、间隔横线上方左侧。

日期位于编发机关右侧。

如果需要保密,在首页报头左上角标明密级或"内部刊物"字样。确有必要,还可在首页报头右上角印上份号。

间隔横线一般为红色。

（二）报核

报头以下、报尾以上的部分都是报核。报核包括以下项目。

1. 目录

集束式的简报可编排目录。由于简报内容简单,容易查找,目录一般无须标序号和页码,只需将编者按、各篇标题排列出来即可,为避免混淆,可以在每项前加一个五星标志。

2. 编者按

必要时可加编者按,主要内容是工作任务来源、本期重点稿件的意义和价值、征稿通知、征求意见等。编者按不可过长,短者三五行,长者半页即可。

3. 报道正文

一期简报可以只有一篇报道正文,也可以有多篇报道正文,依次排列即可。

（三）报尾

报尾在简报末页,用间隔横线和报核分开。报尾内容比较简单,只需写明报什么机关、送什么机关、发什么单位即可。

六、简报的撰写方法

（一）标题

简报的标题跟新闻的标题有些类似，可分为单标题和双标题两种基本类型。

1. 单标题

将报道的核心事实或其主要意义概括为一句话作为标题，如《后勤工作今年重点抓好五件事》《××市发挥行业办学优势　加快发展现代职业教育》《××市打好教育培训机构综合治理"组合拳"》。标题中间可以用空格来表示间隔，也可以使用标点符号。

2. 双标题

双标题有两种情况：

（1）正题后面加副题，如：

再展宏图创全国一流市场
——××农贸市场荣获"市信誉市场"称号

前一个标题是正题，概括事实的性质，后一个标题是副题，补充叙述基本事实。

（2）正题前面加引题，如：

尽责社会完善自身
——××师大团委开展"把知识献给人民"的活动

前一个标题是引题，指出作用和意义，后一个标题是正题，概括主要报道内容。

（二）正文

1. 导语

导语就是简报的开头，要用简短的文字，准确地概括报道的内容，说明报道的宗旨，引导读者阅读全文。导语写作的总要求是"开门见山"，一开始就切入基本事实或核心问题，给人一个明确的印象。

导语的具体写法可根据主题需要，分别采用叙述式、描写式、提问式、结论式等几种形式。用概括叙述的方法介绍简报的主要内容，叫作叙述式；把简报里的主要事实或某个有意义的侧面加以形象的描写，以引起读者的阅读兴趣，叫作描写式；把简报反映的主要问题用设问的形式提出来，以引起读者的思考，叫作提问式；先将结论用一两句话在开头点出来，然后在主体部分再做必要的解释和说明，叫作结论式。这几种导语形式，各有所长，写作时可根据稿件特点选择运用。

2. 主体

主体是简报的主要部分，它的任务是用足够的、典型的、富有说服力的材料把导语的内容加以具体化，用材料来说明观点。写好主体是写好简报的关键。主体的内容，或是反映具体的情况，或是介绍具体的做法，或是叙述取得的成绩和经验，或是指出存在的问题，或是几项兼而有之，要视具体情况而定，没有固定的条框。

主体的层次安排有"纵式"和"横式"两种形态。纵式结构按事件发生、发展的时间顺序来安排材料，横式结构按事件分类的顺序来安排材料。如果内容比较丰富，各层可加小标题。

3. 结尾

简报要不要结尾，由内容而定。事情比较单一，篇幅比较短小的，可以不单写结尾，主体部分叙述完就结束，干净利落；事情比较复杂，内容较多的，可以写结尾，对全文进行小结，以加深读者的印象。有些带有连续性的简报，为了引起人们关注事态的发展，可用一句交代性的话语作为结束，如"对事情的发展我们将继续报道""处理结果我们将在下期报道"等。

 示例2.7

例1

工作简报

（第 × 期）

××大学新闻传播学院编　　　　　　　　　　　××××年11月30日

"我手写我心，我的稿件我点评"
新闻传播学院学生会稿件点评大赛

为提高我院学生会干事的文字功底，11月15日晚6点30分，由我院学生会新闻中心主办的"我手写我心，我的稿件我点评"大赛在海洋学院403教室举行。校会主席董×、院会主席孙××、院会副主席丁××、院会新闻中心主任李××担任新闻组评委，院会副主席赵×和郭××、九月文学社前任副社长李××担任文学组评委。

本次大赛分新闻组和文学组两组，采用个人PPT展示和介绍写作心得相结合的方式进行评比。新闻组和文学组参赛选手不分组别，均根据抽签的顺序上台展示文稿。参赛者精心准备的精彩的PPT、动听的背景音乐及优美的文稿让人目不暇接。在所有的参赛者中，不少选手的表现可圈可点。新闻中心罗××带来的文稿《新闻传播学院第四届学生会召开本学期第一次全体例会》在对新闻文体及各要素结合文章点评后，又采用了点击文稿出现评论的方式指出了文中的错误，并把自己满意的和不满意的部分用红色字体显示了出来，使人感到更加清晰明了；宣传部方×的《最忆江南》有机融合了柔和的乐曲、独具江南韵味的图画及江南女生的温柔诵读，使大家陶醉于淡雅的江南水乡风情中；社会实践部的罗××同样来自南方，她的《江南记忆》给大家带来了一种安静恬淡的感觉，让人感到一个湘妹子对家乡的真挚情感……

　　选手展示完后，董×对新闻组的稿件进行了点评，他针对形容词使用、新闻稿件写作角度及内容修改、日常新闻阅读和写作练习等方面提出了建议；李××则对文学组的文章进行了点评，他直言不讳地提出了参赛者存在的一些问题，如文体不明、散文主旨不深、文言与白话不清等。

　　最终，本次大赛共产生了12名获奖选手，新闻组、文学组各占6名：新闻组一等奖获得者为罗××，二等奖获得者为傅××、蒋××，三等奖获得者为张××、王××及赵××；文学组一等奖获得者为罗××、方×，二等奖获得者为张×，三等奖获得者为陈×、鲍××、郝×。

　　颁奖仪式结束后，孙××就院学生会工作的相关事项做了安排。本次大赛在活跃的气氛中圆满结束。

主送：校党委 校学生处 校团委 校学生会
抄送：各院（系）团总支 学生会 共印60份

　　评析：该简报是××大学新闻传播学院编发的工作简报，结构完整，所选文章是6篇文章之一，充分体现了简报的标题、正文（导语、主体、结尾）等各部分结构的特点，文字精练。

例2

精神文明快讯

（第×期）

××学院党委办公室编　　　　　　　　　　　　　　××××年4月15日

图书馆为争创省级文明单位做贡献

　　图书馆勇于探索，不断创新，力争提高服务工作水平。为配合学院学术与科研工作的开展，方便教师学术科研信息资料的查询，学院图书馆于3月22日与清华同方中国学术期刊电子杂志社洽谈合作并取得了成功。从4月起学院各部门开通宽带网络，可以使用CNKI检索阅读卡查询清华同方《中国期刊全文数据库》《中国重要报纸全文数据库》《中国优秀博硕士论文全文数据库》。

　　搞好服务，提速增效。学院机械工程系新增模具专业，急需一批新专业教学用书，图书馆各部密切配合，急服务用户之所急，从新专业用书采购、配书、分类、加工、整理、入库、上架，两天时间就完成了一周的工作任务，确保并满足了教学一线的要求，受到机械工程系的肯定和好评。

（图书馆）

继承革命先烈遗志　做新时代优秀大学生
——记清明扫墓活动

　　4月2日，机械工程系、热能环保系团总支到哈尔滨烈士陵园扫墓，悼念逝者，寄托哀思，缅怀先烈。同学们瞻仰了陈翰章、薛剑强、汪亚臣、吴书同、石坚、赵承瑞等先烈墓碑。大家用精心挑选的花圈敬献给为了解放和人民幸福而牺牲的先烈们，表达了对先烈的无限敬仰和怀念之情。立于烈士墓碑前，同学们胸戴白花，神态严肃，思绪沉重。遥想当年烈士们拼死沙场、英勇献身的一幅幅画面，他们不屈不挠的爱国精神让同学们久久不能忘怀！瞻仰烈士墓碑，对同学们来说是一次接受爱国主义、集体主义教育的好机会。同学们立志努力学习，奋发向上，继承革命先烈遗志，报效祖国，努力成长为有理想、有道德、有文化、有纪律的社会主义新人！

（机械工程系、热能环保系）

主送：院领导
抄送：学院各系　各部门　共印50份

　　评析：这是两则以精神文明为主题的动态简报，置于同一简报格式中，并不违反简报内容单一性的要求。标题凝练、事实清楚、意义突出。

例3

会议简报

（第1期）

×××会议秘书组编　　　　　　　　　　　　　××××年××月××日

××函授大学全国教学工作会议在京召开

　　经过一段时间的积极筹备，××函授大学全国教学工作会议于××××年××月××日在北京正式召开。

　　参加会议的有中国××研究会的部分理事、各地辅导站代表、学员代表和校部教职员工共70余人。

　　今天上午和下午都召开了全体会议。

　　上午，校务委员会主任××同志在开幕词中介绍了这次会议的宗旨。他强调：我们召开这次会议，是要交流、总结各地辅导站的工作经验，研究如何提高教学质量，明确今后的办学方向，希望大家畅所欲言，为"函大"开创新局面献计献策。

　　紧接着，各地代表分组进行了讨论。讨论会上，××同志对如何开好这次大会提出了许多宝贵意见。

在下午的会议上，教务长×××同志结合一些辅导站的情况，进一步强调：要办好面授辅导站，必须争取当地文教部门领导的支持，必须有一个坚强的领导班子和高水平的教师队伍，以切实保证教学质量的稳定，以质量取信于社会，同时还必须严格财务管理制度，坚持勤俭办学的原则。

"函大"顾问、××大学×××教授，虽逾八十高龄，但仍不顾天气炎热，到会看望大家并讲话。他指出，函授教育是一种很好的形式，这种形式有很多好处：一是节约人力，学员可以边工作边学习；二是费用不高，却能为国家培养出大量人才；此外，面授辅导站如果要搞好，就得搞资料交流，资料要有针对性，要解决学员提出的实际问题。××老的讲话给了与会者巨大的鼓舞，受到大家的肯定。

抄送：校长办公室 校教务处 各地辅导站 共印×× 份

评析：这是一份会议简报。格式规范、完整，内容简洁、明了，会议进程交代得具体、清晰。

例4

××职业技术学院简报

2018年第11期

（总第22期）

××学院办公室编　　　　　　　　　　　　　　　　2018年8月26日

我院人才培养工作水平评估整改方案已报省教育厅

我院人才培养工作水平评估整改方案已报省教育厅。

根据教育部高职高专人才培养工作水平评估文件要求、省教育厅专家组的建议及我院实际情况，2018年8月22日我院召开了院长办公扩大会，全体与会人员按照教育部高职高专人才培养工作水平评估指标体系要求，拟订了我院人才培养工作水平评估整改方案。整改报告几经修改完善，已于8月25日报至省教育厅。

评析：这是一份内容简明扼要、叙述清楚、用词准确的简报。在报头部分按照写作要求列出简报名称、当年期数、总期数、编写单位及日期。报文部分写明标题、正文（导语为"我院人才培养工作水平评估整改方案已报省教育厅"，导语后紧跟主体，本文无报尾）。

实战演练

1. 撰写一份本班最近一个月的活动简报。

2. 学校于××××年××月××日举行了第×届田径运动会,请以本届运动会为素材,撰写一份反映学校运动会实况的简报。

3. 病文纠错。

陕西一些旅游点附近的农民向外国旅游者
强行兜售商品造成不良影响

4月20日上午,某国外旅游团外宾去陕西乾陵参观游览。客人一下车,一群手拿各种工艺品的农民就一窝蜂而上,大叫大喊着、争抢着要外宾买他们的东西。其中一些人手持唐代铜镜、铜钟及汉唐古钱等文物出售。游客打手势表示没有心思买东西。然而,这些农民仍围着不散。导游走过去,使眼色,说好话,一个个左劝右劝这些人就是不想走,有些走开了一会儿又回来了,继续大声兜售商品,并且大声辱骂导游,有些话还十分难听,无法写出。当这个老外旅游团要离开陕西乾陵时,一群小孩还围住一位70多岁的穿中国红衣服的老太太外宾,非要她买不可。这老太太外宾无路可走,山穷水尽,只好一步步向路边退下去,结果被挤得跌进大路边的不到2米宽的小水沟,造成右脚关节骨裂,呻吟不止,当即由导游叫来救护车,送到医院。

最近,在陕西乾陵旅游点附近,围堵外宾,强迫向客人兜售旅游商品的现象时有发生。

2.8 调查报告

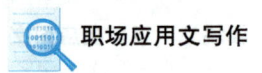

为了了解目前高职学生的网上消费情况，某职业学院学生会在本学院内开展了一次大学生网上消费情况的调查活动。目前该学院在校生约 12 000 人，来自全国各地，所以该学院学生的网上消费情况基本能够代表全国高职学生的网上消费情况。本次调查选取样本数为 300 人，向其发放了调查问卷，至此回收问卷工作已经完成，获取了第一手资料。接下来，我们就要对调查得到的资料进行整理与分析，并形成调查报告。

请你帮助该学院学生会拟写上面提到的调查报告。

一、调查报告的含义

调查报告是对某项工作、某个事件、某个问题，经过深入细致的调查后，将调查中收集到的材料加以系统整理与分析研究，以书面形式向组织和领导汇报调查情况的一种文体。

调查报告是一种在新闻领域和机关应用文领域中都可以采用的常用文体，也可以说，它是新闻和应用文的结合体。但是，有些在机关之间流通的调查报告，没有新闻性也是可以的。而在报刊、广播上发表的调查报告，就一定要有新闻性。在报刊上发表的调查报告，也可以叫作"新闻调查"。

二、调查报告的特点

调查报告具有以下 3 个特点。

（一）较强的针对性

只有某种情况、某个社会问题、某个成功经验，引起了一定程度的注意，为了进一步得到它的详情、真相，认识它的性质，才需要有人专门对它进行调查、研究，向有关机关提供报告。由此可知，调查报告是一种针对性很强的文体。

例如"三农"问题一直备受大家的关注，于是有人利用暑假时间针对"三农"问题，在某乡镇进行宣传调查，深入了解我国农村状况和"三农"政策的实施情况。写出了《暑期社会实践调查报告——浅析华岩镇的"三农"问题》。

还有近些年高职院校飞速发展，在招生规模一再扩大的情况下，有人针对高职院校的教育教学和学生管理工作进行了调查并写出了报告供教育主管部门参考。这显然都是非常具有针对性的写作实例。

（二）材料丰富翔实

调查报告是在具有大量现实和历史材料的基础上，用叙述性的语言实事求是地反映某一客观事物的。充分了解实情和全面掌握真实可靠的素材是写好调查报告的基础。例如，在《2020中国汽车消费趋势调查报告》中，调查者提出了以下这些数据和事实：

截至目前，4S店依然是购车主流渠道，但网络逐步成为新能源汽车购车的补充和增量渠道，且网络端购车价格上升，接近线下渠道，优惠、省时是网络购车渠道的主要选择因素，其中新能源汽车用户更关注促销因素及可在网络下单的车型。在二手车购车渠道中，选择电商平台的比例显著下滑，而线上拍卖则迅速崛起。

在撰写调查报告时，大部分的文字都在列举事实。通过事实和数据证明调查报告的真实性和准确度，使调查报告具有"事实胜于雄辩"的强大说服力。

（三）提供规律性认识

调查报告离不开确凿的事实，但又不是材料的机械堆砌，而是对核实无误的数据和事实进行严密的逻辑论证，探明事物发展变化的原因，预测事物发展变化的趋势，提示本质性、规律性的东西，得出科学的结论。而缺少理论归纳的调查报告是肤浅不可信的。

三、调查报告的类型

调查报告有情况调查报告、典型经验调查报告、揭露问题的调查报告和反映新生事物的调查报告4种类型。

（一）情况调查报告

情况调查报告是比较系统地反映本地区、本单位基本情况的一种调查报告。这种调查报告是为了弄清情况，供决策者使用。

（二）典型经验调查报告

这种调查报告是通过分析典型事例，总结工作中得出的新经验，从而指导和推动某个方面工作的一种调查报告。

（三）揭露问题的调查报告

揭露问题的调查报告是针对某个方面的问题，进行专项调查，澄清事实真相，判明问题的原因和性质，确定造成的危害，并提出解决问题的途径和建议，为问题的最后处理提供依据，也为其他有关方面提供参考和借鉴的一种调查报告。

（四）反映新生事物的调查报告

这种调查报告是针对社会现实中某种新近产生或新近有了长足发展的事物而撰写的调查报告。在现实社会中，新的事物不断产生。这些新生事物究竟是显示了社会发展的某种趋势，有着光明的发展前景，还是昙花一现的偶然现象？对这些新生事物，我们应该持怎样的态度，是肯定的还是否定的？反映新生事物的调查报告的文体功能就是全方位地报道某种新生事物的背景、情况和特点，分析它的性质和意义，指出它的发展规律和前景。

四、调查报告的结构

调查报告一般由标题、开头、主体和结尾4个部分组成。

（一）标题

1. 公式化标题

用"调查对象+调查课题+文体名称"的公式拟制标题，如《××公司的财务调查》。这样写的好处是要素清楚，读者一看就知道这是写的什么单位，涉及的是哪些问题，文种也很明确；这样写的不足之处是太模式化，不够新鲜、活泼。

2. 提问式标题

可以用问题做标题，如《"问题少年"的出现，原因何在》《莘莘打工者，维权何其难》。这种写法比较醒目，引人关注。

3. 复合式标题

复合式标题由正、副标题组成，其中正标题一般采用常规文章标题写法，副标题则采用公式化写法，由"调查对象+调查课题+文体名称"组成，如《明晰产权起风波——对太原市某集体企业被强行接管的调查》。

（二）开头

调查报告的开头即前言，一般要根据主体部分组织材料的结构顺序来安排，常用的有以下几种类型。

1. 概括式

概括式就是把调查对象最主要的情况进行概括后写在开头，使读者一入篇就对它的基本情况有一个大致的了解。

2. 介绍式

在开头简单地交代调查的目的、方法、时间、范围、背景等，使读者在入篇时就对调查的过程和基本情况有所了解。

3. 问题式

在开头提出问题后，引起读者对调查课题的关注，促使读者思考。这样的开头可以采用提问的方式引出问题，也可以直接将问题列出来。

（三）主体

这部分的主要结构形式有以下 3 种。

1. 用观点串联材料

由几个从不同方面表现基本观点的层次组成主体，以基本观点为中心线索将它们贯穿在一起。

2. 以材料的性质归类分层

课题比较单一、材料比较分散的调查报告，可采用这种结构形式。作者经过分析、归纳之后，根据材料的不同性质，将它们梳理成几种类型，每一种类型的材料集中在一起进行表达，形成一个层次。每个层次之前可以加小标题或序号，也可以不加。

3. 以调查过程的不同阶段自然形成层次

事件单一、过程性强的调查报告，可采用这种结构形式。它实际上是以时间为线索来谋篇布局的，类似于记叙文的时间顺序写法。这种有清晰过程的写法，可以提高读者的阅读兴趣。

（四）结尾

调查报告通常在结尾部分显示作者的观点，对主体部分的内容进行概括、升华，因此，它的结尾往往是比较重要的一个部分。常见的调查报告结尾的写法有如下 3 种。

1. 总结全文，得出结论

在结束的时候将全文归结到一个思想的立足点上，强化主旨。这样结尾，会给读者提供清醒的理性认识。

2. 提出问题，引发思考

如果一些存在的问题还没有引起人们的注意或限于各种因素的制约，作者也无法提供解决问题的办法，那么，只要把问题指出来，引起有关方面的注意或启发人们对这一问题进行思考，也是很有价值的。

3. 针对问题，提出建议

在揭示有关问题之后，对解决问题提供一些可行的建议。当然这些建议应不乏切实可行的措施。

五、调查报告的撰写要求

撰写调查报告有以下 3 个要求。

（一）认真调查

只有深入细致地做好调查研究工作，才能写出较有分量的调查报告。调查前，要明确调查的目的和任务，拟订调查提纲，拟好调查问卷等；调查中，对收集到的资料要反复核实，数据、事实要准确；调查后，要及时归纳整理，不明确的或有出入的问题，应做进一步的调查。

（二）尊重事实

事实是立论的基础，事实包括数据、情况、例证。一切的观点、看法，调查得出的结论，都应在事实的基础上产生和形成。

（三）突出重点

调查中应善于分清主要矛盾和次要矛盾，只要抓住主要矛盾，其他矛盾就迎刃而解了。切忌罗列材料、面面俱到。

 示例 2.8

关于公众对职业教育的认知与评价调查的报告

职业教育是国民教育体系和人力资源开发的重要组成部分，是广大青年通往成功成才大门的重要途径，肩负着培养多样化人才、传承技术技能、促进就业创业的重要职责。党的十八大以来，习近平总书记多次就发展职业教育作出重要指示。在党和国家的决策部署与大力推动下，我国职业教育实现了历史性跨越，建成了世界规模最大的职业教育体系。与此同时，伴随着"高中分流""普职比大体相当"等话题所引发的公众讨论，职业教育存在的相关问题及其发展面临的内忧外患也成为舆情关注的焦点。因此，人民智库开展了公众对职业教育的认知与评价调查研究，以期汇聚公众意见、凝聚集体智慧，更好推动职业教育高质量发展，进一步满足我国产业升级和经济结构调整对职业技能人才的旺盛需求，为全面建设社会主义现代化国家提供有力的人才和技能支撑。

一、当前社会对职业教育的关注度较高，积极与消极情绪交织；就业机会成为公众对职业教育最为关注的内容

随着《国家职业教育改革实施方案》《职业教育提质培优行动计划（2020—2023 年）》《关于推动现代职业教育高质量发展的意见》等政策文件出台，职业教育发展不断迈上新台阶，公众对职业教育的接受度逐渐提高。与此同时，由于公众对职业教育长期以来形成的消极刻板印象，其综合社会评价在某些领域仍然处于较低水平。近年来，"保持职普比大体相当"这一政策引发了此起彼伏的社会舆论，在"高考决定论"的主流话语笼罩下，面临教育路径选择的学生与家长被深深裹挟其中。整体来看，政策利好与舆论发酵的双重叠加，一方面使得职业教育的话题曝光率与关注度与日俱增；另一方面，也在一定程度上揭示了公众对职业教育的复杂情绪和心态。本次调查结果显示，85.74% 的受访者关注职业教育的相关话题，其中 54.87% 的公众表示非常关注。

就职业教育相关话题所引发的情绪来看，58.48% 的公众表示，对我国的职业教育感到期待；另有 36.82% 的公众在提及我国的职业教育时，态度较为消极，其中 21.84% 的人感到担忧，14.98% 的人感到失望。

近四成（39.35%）公众认为，中国是世界上职业教育发展较好的国家，被世界公认为制造业强国的德国（58.48%）位列第一，成为公众眼中职业教育发展的标杆国家。超六成（63.72%）的公众认为，我国可以在 10 年内完成对德国职业教育水平的赶超，但也有一成（11.01%）的公众态度较为消极，认为这个周期跨度至少需要 20 年。

就公众对职业教育关注的内容来看，就业机会（73.65%）位居第一，其次分别是发展路径（56.50%）、深造机会（54.15%）与掌握技能（52.35%），占比均超过五成。学历认证（46.39%）紧随其后，但仅有超两成的受访者较为关注入学条件（25.63%）与课程内容（24.19%）。不难看出，公众对职业教育的关注具有明确的结果导向，教育结果较教育要素更为重要；而在诸多教育结果中，就业机会具有不可替代性，甚至在一定程度上成为决定性因素。

二、人才培养模式、职业技能、就业机会及企业合作被认为是职业教育的突出优势，职业教育的接受度逐步提升

对公众而言，好就业、学到真本事是职业教育的价值所在，尤其伴随当前就业市场竞争日益激烈，"技能""就业"等要素在公众期待中的占比权重持续上升。调查结果显示，人才培养模式、职业技能、就业机会及企业合作被视为职业教育的突出优势，四者贯穿教育要素、办学条件与教育结果三个层面，彼此相辅相成，共同构成了职业教育的特色，即以培养学生职业技能为主要内容，以产教融合方式增强学生就业能力，满足经济社会发展需要。

"在全面建设社会主义现代化国家新征程中，职业教育前途广阔、大有可为。"这是习

近平总书记从党和国家工作全局的高度,对职业教育重大意义作出的深刻阐述。当前,越来越多的学生和家长开始正视职业教育给予人生的另一种可能。

三、就业前景不明朗、社会认知偏见普遍存在、竞争力不足等因素引发共情,职业教育发展面临内忧外患:舆论环境不够友好、办学质量参差不齐、贯融机制有待健全

随着公众对职业教育的接受意愿逐步提升,我国职业教育发展的内生动力持续增强,但同时发展中客观存在的诸多问题也不容忽视,这也集中反映在公众对职业教育的忧虑中。当被问及"您对接受职业教育有哪些担心"时,社会认知偏见普遍存在、竞争力不足等因素引发共情,从内外两个方面揭示了职业教育目前所面临的现实困境。

第一,舆论环境不够友好。有超五成的受访者认为,职业教育会导致"就业不理想,只能选择较低层次的岗位"(64.26%),其本身"不被社会认可,被歧视"(52.89%)。在教育结果的排列中,阶层跨越与薪酬待遇分别位列倒数第一位、第三位,可见就"读职业教育只能当底层工人"的思想已经形成刻板印象。从职业院校内部来看,对职业教育的偏见仍然普遍存在,无论是老师的传道授业,还是学生的学习训练均缺乏积极向上的动力和倾向。尽管近年来公众偏见逐渐被打破,但长期被视作普通教育托底的职业教育,作为创新人才培养机制的重要价值被远远低估。调查结果显示,仍有44.77%与32.67%的受访者表示,只有当职业教育较普通教育具有明显优势,或者孩子成绩不好、无能为力时,才会选择让孩子接受职业教育。46.57%的受访者认为,职业教育门槛过低,招考对象良莠不齐。

第二,办学质量参差不齐。调查结果显示,分别有50.54%与38.81%的受访者认为,接受职业教育会导致"文化积累不够,未来个人综合竞争力丧失",或者"学不到实际可用的知识与技能"。职业教育可持续发展的生命力在于就业,但当下职业教育服务就业的办学质量依然受到公众质疑。

从教育结果来看,对于职业技能的掌握是公众对职业教育最满意的一项,在十项教育结果排列中位列第一;但同时不难看出,仍有部分公众对学生是否能获得一技之长抱有疑虑,这主要源于个人学习能力和职业教育办学质量等多方面的因素。且随着就业岗位对个人综合能力的要求逐渐提高,公众普遍意识到职业能力的锻造既需要打磨个人技能基础,还应兼备一定的文化知识储备。47.29%的受访者认为,当前我国职业教育存在"文化素质教育与职业技能教育失衡"的问题。

第三,贯融机制尚待健全。超过三成的公众认为,接受职业教育会导致"过早受限于某一专业局限,无法跟上时代发展"(37.36%)及"缺乏继续深造的机会"(34.66%)。一方面,尽管多地已开始探索实践中职贯通、中本贯通等培养模式,但在全国推广和实行的范围和程度有限,暂未形成更多层次相互衔接的职业教育人才培养体系,本科及以上层次的职业教育还需进一步发展。另一方面,学生选定职业教育类型、专业后很难再切换到其他赛道,加之目前职业教育与普通教育之间很难实现互相认证、转换,就未来发展而言存在一定的未知风险。

近年来,我国就职业教育发展陆续出台了相关的政策意见。2020年,为贯彻落实《国

家职业教育改革实施方案》，教育部制定了《职业教育提质培优行动计划（2020—2023年）》，明确了我国职业教育改革的重点，包括10个方面共27项任务，标志着我国职业教育向提质培优、增值赋能、以质图强新时代迈出奋进步伐。但从实践层面来看，当前关于职业教育的规划、环境型政策工具偏多、直接作用于职业教育供需双侧的政策工具偏少。调查中40.07%的受访者表示，当"政策环境对职业教育发展有重大利好"时，会考虑让孩子接受职业教育，但目前这一方面还有待加强。

四、公众眼中理想的职业教育画像：扎实的职业技能学习、通畅的培育联动机制、持续的岗位供给机制、合理的社会回报与认可

2021年4月，习近平总书记对职业教育工作作出重要指示："……加快构建现代职业教育体系，培养更多高素质技术技能人才、能工巧匠、大国工匠。"为我国职业教育改革发展指明了方向，提供了根本遵循。2021年10月12日，《关于推动现代职业教育高质量发展的意见》的出台，为我国职业教育改革发展擘画了新蓝图，极大地改善了我国职业教育发展的舆论环境。近七成（69.5%）公众表示，对我国未来职业教育发展有信心，其中近四成（38.63%）的公众表示非常有信心。

综合来看，公众眼中理想的职业教育发展状态应具备以下几个要素。一是扎实的职业技能学习。理想的职业教育应该以技术技能为核心，兼顾文化知识学习，不断夯实职业竞争基础。二是通畅的培育联动机制。一方面，要推进不同层次的职业教育纵向贯通，构建通畅的人才培养体系；另一方面，要促进不同类型教育的横向融通，使学生能够根据自身实际情况选择合适的发展路径。三是持续的岗位供给机制。要确保职业教育供给与经济社会发展需求相匹配，既要及时回应市场需求，也要具备前瞻性，让教育探索走在现实发展前。四是合理的社会回报与认可。既要完善配套政策，提高职业技术技能人才的薪酬待遇，也要营造有利于职业教育发展的舆论环境，多措并举增强职业技术技能人才的获得感、尊严感。

五、职业教育未来发展路径：营造良好的社会氛围、推进现代化与内涵式发展、完善纵向贯通横向融通、构建共建共治共享格局与实现教育公平

面向我国职业教育事业新征程，要牢固树立"职业教育前途广阔、大有可为"的发展信心，将加快发展现代职业教育摆在更加突出的战略位置，推动实现公众对职业教育的美好期许，促进职业教育服务全面建设社会主义现代化国家。

第一，强化宣传，营造职业教育发展的良好社会氛围。超半数（56.32%）受访者认为，未来职业教育发展应着力破除社会认知藩篱，"提高职业教育的社会认可度与社会回报率"。

第二，砥砺创新，推进职业教育现代化、内涵式发展。打铁还需自身硬，职业教育要想获得长足发展，还需要从自身出发，深化教育教学改革，提高职业教育质量水平，增强职业技术教育适应性。调查中近五成受访者（48.92%）对此表示认同。

第三，打破壁垒，完善职业教育出口纵向贯通、横向融通。有超五成的受访者认为，我国未来职业教育发展应重点"打破普职教育壁垒，促进不同类型教育横向融通"（57.76%），也要不断"完善人才培养体系，推进不同层次职业教育纵向贯通"（51.08%），

构建立交桥式的教育选择路径，帮助学生根据自身实情完成教育类型合理切换。

第四，推进职业教育高质量发展无法一蹴而就，自然也不能依靠单枪匹马就顺利完成。目前，广泛凝聚共识共智，激发多主体创业热情，构建共建共治共享格局已成为推进职业教育高质量发展的必由之路。超四成（41.52%）的受访者认为，促进我国职业教育未来发展，必须"构建'政府—行业—企业—学校'职业教育协同治理格局"，充分发挥各主体禀赋优势，擘画职业教育发展新篇章。

另外，35.02%的受访者表示，"推动职业教育城乡、区域均衡发展，确保教育公平"也应成为我国职业教育发展的应有之义。教育公平是社会公平的重要基础，攸关无数学生成才立业。职业教育发展应统筹兼顾社会经济发展大局的需要与不同地区教育水平实际发展情况，坚持因地制宜、因域而异，持续优化区域资源配置，确保职业教育发展的普惠性与多元性，以"精准灌溉"确保教育公平稳步推进。

执笔：人民智库研究员 张凡
来源：人民智库微信公众号（有删改）

评析：这是一份立足实际情况，调查深入细致，数据真实的调查报告。该调查报告结构完整，采用突出主题式标题。在引言部分写明调查的意图。主体部分对调查得到的结果和结论分别进行分析，全文有理有据，内容翔实。

 ## 实战演练

根据本校学生的择业观、打工情况、消费情况、课外阅读情况、业余爱好等热点问题，择其一种，设计一份调查问卷，然后开展问卷调查，并根据调查的结果撰写一篇调查报告。

 ## 知识拓展

调查的方法

调查的方法包括访问调查法、问卷调查法、抽样调查法。

（一）访问调查法

这是用得最多的一种调查方法。它是调查者通过面对面的直接交谈，向被调查者了解情况、搜集资料的一种调查方法。一般而言，在访问之前必须审阅被调查者的有关资料，如档案、出版的图书和发表的文章等，便于在当面访问之前掌握尽可能多的情况，有助于制定一份切实可行的访问提纲，为当面访问提供线索、明确重点、集中难点。访问的方法可分为以下几种。

1. 个别访问法

个别访问法亦可被称为直接访问法。这种访问法是调查访问人员单独与被调查者直接交谈，从而获取有关资料的一种方法。个别访问法因不受他人的影响，故能够使访问比较深入。一般说来，在集体场合中，人们往往有一种从众心理，看看别人是怎样回答的，力图使自己所说的与大家所说的冲突不太大。这样就难以获得真实、详细的材料。个别访问法的问题，往往是不宜在座谈会上讨论的问题。但值得注意的是，个别访问法往往是个人见解，不能以偏概全。

2. 间接访问法

间接访问法亦可被称为侧面访问法。间接访问法就是访问被调查者周围的人，这虽然也是面对面的一种直接访问法，但访问的对象不同了。如被调查者身患重病无法交谈，或因特殊原因无法接触，在这种情形下，只能采用间接访问法。一般说来，除与主要被调查者直接当面访问外，也需要进行间接访问，以便从各个方面了解情况，充分收集资料。这样做的好处是便于调查者从不同的角度去"透视"被调查者，以形成对被调查者的立体化认识。

3. 召开座谈会

座谈会也是一种直接当面的访问方法，又被称为调查会。它是通过集体座谈的方式进行的，也就是说所调查的对象不是单独的，而是同时访问若干个被调查者。座谈会由调查者主持，开会之前，由调查者把调查的目的或主要意图、内容和要求，一一向被调查者介绍清楚。参与座谈的人，应当是确实了解情况的人。会后，调查者应对获得的材料进行整理和核实，以保证其真实性。

在实际的调查过程中，往往不单采用一种方法，而是几种方法综合采用，以期获得全面而深入的调查资料。

（二）问卷调查法

问卷调查法是调查者根据研究的课题，通过设计制成问卷式调查表，寄发给被调查者填写，用以收集资料、掌握情况的一种方法。问卷调查法是进行大规模的统计调查必不可少的一种方法，也是一种间接的书面调查方法。问卷调查法的关键在于问卷的设计。无论是"结构型问卷""松散型问卷"，还是"混合型问卷"，它既要根据调查的目的编写问题，又要将所提问题化整为零；既要针对被调查者设问，又要使所提的问题简洁、明白、易懂。问卷设计在很大程度上决定着问卷填答的质量、回收率和研究结论的正确与否。因此，科学地设计问卷，是问卷调查成败的关键。

设计问卷时应该注意以下几点：

一是要做到提问标准化、规范化，能使被调查者对所提问题做出正确的理解和回答；

二是提问要单一具体，一次提问只问一件事，不要在一次提问中涉及两件或两件以上的事；三是问卷的文字要简明扼要，浅显易懂，应尽量运用大众熟悉的语言；四是调查问卷中的提问和答案，不要使用模糊不清的概念；五是提问要尽量客观、公正，不能有暗示、诱导性的倾向，否则亦难获得真实情况；六是最好不提令人窘迫或禁忌、敏感性的问题，否则被调查者会拒答；七是提问应先易后难，以引起被调查者的兴趣，使之乐意填答。

（三）抽样调查法

抽样调查法就是把调查对象当作总体，从总体中按照随机或非随机的原则，抽出一定数量的调查单位作为样本，通过对样本的直接调查、分析，然后借助统计推论的方法，推断出调查对象总体的状况、特征、性质等情况。抽样调查的基本方法可分为以下两大类。

1. 随机抽样法

随机抽样法又叫概率抽样法，它是按照概率理论来抽取样本的。随机抽样法又包括以下 5 种。

（1）简单随机抽样法。它是按随机原则直接从总体中抽取若干个单位，构成一个样本，通过对样本单位的调查研究，计算样本指标，然后对总体相应的指标做出统计推断的抽样方法。

（2）分层抽样法。它是把调查总体所含的单位按一定的标准分为若干组或类别，每一组或每一类别称为一层，然后从每一层中按照相同、相近或不同的比例随机抽取样本的抽样方法。

（3）等距抽样法。它是将总体中的全部调查单位按某一标准排列起来，先随机抽选一个样本作为起点，合并样本和总体单位数计算出抽样距离，按固定的顺序和计算出的间隔距离在总体中抽取若干样本的抽样方法。这种方法在经济领域、管理领域中有较高的实用价值。

（4）整群抽样法。这是一种将总体划分为若干个群或组，以群或组作为抽样单位，从中抽选出一部分群，然后对群内全部单位进行调查的一种抽样方法。采用这种方法时，首先按某种标准将总体划分成若干群，然后将各群编码，再按随机原则，抽取这些群中的某些群体作为样本，然后又在抽取的样本中分群，再次按随机原则抽取新的样本，依次继续下去，直到最小的单位为止。

（5）多级（段）抽样法。这是一种把抽取样本单位的过程分为两个或两个以上阶段的抽样方法。在抽样调查中，如果一次直接抽取具体样本单位，称为单级抽样法。而多级（段）抽样法，必须保证在两个以上的阶段抽样。无论是两级抽样法、三级抽样法或五级抽样法，必须注意的是每个阶段应严格按随机原则抽取样本。

2. 非随机抽样法

非随机抽样法包括以下 4 种。

（1）偶遇抽样法。这是一种根据调查者方便的原则，由调查者任意地、偶然地抽样的方法。调查者的心目中事先没有确定样本，到达某一个地方，遇到谁就选谁为样本，随走随选，直到满足规定样本数目为止，因而又被称为任意抽样法。偶遇抽样法虽然方便，然而有较大的偶然性。

（2）判断抽样法。这是一种由调查者或专家根据主观判断选择样本的方法。这种判断，既可以凭借调查者的经验或印象来判断选取样本，也可以凭借专家的学识来判断选取样本，因此，抽样调查结果的精确度全部取决于这种主观的判断力。

（3）配额抽样法，也被称为"定额抽样法"。这是一种先把调查研究的总体按一定标准分成若干类，然后按一定比例分配样本数额，由调查者在定额的范围内主观地抽样的方法。运用配额抽样，首先选择一些控制特性作为划分总体的标准，把总体划分成若干子体；然后按照子体在总体中的大致比例，决定各子体中的样本"数额"；最后由调查者在"额度"内随意抽样。

（4）滚雪球抽样法。在实际调查中，调查者可以选定一个或几个有特征或有代表性的人物进行访问，然后再按这个或这几个被调查者提供的名单去调查，以此类推，如同滚雪球一般，被调查者愈来愈多。

2.9 策划书

情境导入

秦方好是某职业学院旅游分院的学生会主席，2018年4月的一天，他从分院团总支书记易老师口中得知2017级旅游管理4班的赵丽同学不幸被确诊为急性骨髓性白血病。该同学来自农村，母亲也常年患病，姐姐还在读大学，在外打工的父亲的收入是其家庭主要的经济来源。如今，赵丽同学首期化疗的费用就高达10万余元，这对她本就艰难的家境来说无疑是雪上加霜。听后，秦方好心里很不是滋味，他决定为赵丽同学做点儿什么来配合学校层面的捐款活动。于是，他将学生会其他干部召集到一起进行商讨，最后决定策划一次慈善捐赠文艺汇演活动来为赵丽同学筹集部分医疗费用，策划书由他亲自来写，其他学生会干部各有分工。由于策划周全、宣传到位、组织得当，特别是从各分院动员了很多学生文艺骨干前来助阵，为赵丽同学筹款的慈善捐赠文艺汇演活动举办得十分成功，当晚就收到师生捐款近9万元，有力地帮助了患病的赵丽同学。

包括学生会主席秦方好和学生会其他干部，他们该如何策划这次活动？需要考虑哪些因素？活动的策划书又该如何撰写？

训练指导

一、策划书的含义和种类

（一）含义

策划书是指开展某项活动或工作的富有创意的书面设计方案，也被称为策划方案。

（二）种类

按照策划内容来划分，一般可分为活动策划书和商业策划书两大类。

1. 活动策划书

活动策划书一般用于各种非营利性活动，如学生活动、学术活动、企业内部活动等。

2. 商业策划书

商业策划书也被称为市场策划书,是企业为解决实际问题、以某市场项目为中心,结合市场实际状况,进行系统分析和运筹规划而做出的预先考虑和设想。商业策划书中的所有指标都要具体化甚至量化,执行方案要严谨。其包括营销策划书、宣传策划书、广告策划书、产品策划书、公关策划书、危机策划书等。

二、策划书的作用

策划书是顺利开展某项活动或工作的前提和"蓝本",是实现策划目标的纲领和保证,它关系到事情的成败。

三、策划书的要素

一般来说,策划书需要具备以下八大基本要素。
（1）Why（为什么）——策划的背景、缘由。
（2）What（什么）——策划的目的、基本内容。
（3）Who（谁）——策划的参与者。
（4）Where（何处）——策划实施的场所。
（5）When（何时）——策划活动开展的时间。
（6）How（如何）——策划执行的具体方案。
（7）How much（多少费用）——策划活动所需的经费预算。
（8）Effect（效果）——预测、评估策划的结果。

四、策划书的结构

策划书的结构包括标题、正文、落款三部分。

（一）标题

（1）策划书的标题由"单位名称+时间+策划名称+文种"组成,如《管理学院2014年"大学生职业发展导航计划"活动策划》。
（2）策划书的标题由"策划名称+文种"组成,如《毕业生求职策划书》。

（二）正文

1. 前言

简要交代策划的背景和意义。

2. 主体

（1）详细说明策划项目，包括策划内容和实施步骤。策划内容是对执行策划项目概括、流程、分析、预算、预测等相关内容的描述；实施步骤则说明策划实施的阶段和具体时间安排。

（2）进行效果预测，说明方案的可行性与操作性。涉及以下内容：①期待及预测效果；②策划风险或症结；③策划建议及注意事项。

（三）落款

策划单位或策划人、策划日期。

五、策划书的撰写要求

策划书的撰写要求如下。

（一）主题要明确单一

策划书的主题要具体明确，策划设计要始终围绕某个主题来进行。

（二）策划要切实可行

策划书要结合活动或工作的实际情况进行策划和设计，诸因素要考虑周全，做好评估预测、经费预算和应急预案。

（三）创意要新颖

新颖的创意是策划书的核心内容，策划要求点子新、内容新、表现手法新，不拘泥于表格文字，可图文并茂。

（四）区别于计划

计划不需要批准即可执行，无须论证；策划书需要上报，对其可行性进行论证批准后方可执行。

> 示例 2.9

例 1

<h3 style="text-align:center">××大学育才学院"辩才社"2019年社团动员活动策划书</h3>

××大学育才学院辩论与口才交流协会是一个学生社团,简称"辩才社"。"辩才社"本着为大学生服务、培养大学生良好的素质和能力、加强大学生之间的沟通与交流目的,积极开展以辩论、演讲、朗诵、社交礼仪培养、口才和普通话培训为主的集体活动,为建立一个不断开拓进取、为大学生交流提供完美舞台的真正服务型社团而努力。

一、活动背景

伴随着大学一年级新生的到来,我社迎来了新一轮的招新。但是与以往不同的是,这一次的招新规模更大,人数更多,范围更广。其中最为突出的是对会员进行扩招,总人数已经达到五六百人。对于这些大学一年级新生来说,他们还不了解我们的社团,不知道我们社团到底是做什么的,所以迫切地需要了解我们社团。与此同时,新生已经开始觉得大学的生活很乏味,急切需要指点迷津,找到方向,以丰富大学生活。

二、活动主题

联系新老会员,使会员之间有所了解,并对我们社团也有所了解,向新会员展示我们社团的风采,让新会员更好地了解我们社团的历史与性质。

三、活动目的

新学期开始,更多会员的加入,又给我们社团注入了新的活力,而且又进行了紧张的招新活动,能更好地为社团寻找出谋划策的人。希望通过动员大会可以让会员及更多的人了解我们社团。

(1) 总结"辩才社"过去一年取得的佳绩,增进成员之间的友谊,使"辩才社"成为一个更温暖的大家庭。

(2) 总结招新情况,激发新干事、新会员的工作热情和参与积极性,增强其归属感和责任感,为社团开展活动打下基础。

四、活动意义

通过此次动员大会,可以让会员充分地了解我们社团,扩大我们社团在我院的知名度,为我社以后举办大型活动打下坚实的基础。同时,为新生提供一个自我展示的平台,让他们畅谈自己对大学生活的向往,合理规划自己在今后三年或四年的生活。大会还将请来我院非常优秀的学长、学姐,为我们讲述他们在大学里面精彩的生活和宝贵的经验,避免大家在大学生活中走弯路,使大家能够尽快融入精彩的大学生活!

五、活动时间

2019年3月15日上午9:00~12:00

六、活动地点

大学生活动中心一楼大厅（初定）

七、活动对象

××大学育才学院辩论与口才交流协会全体会员

八、活动准备

部门分工：

1）办公室

（1）负责起草通知文件，并通知出席会议的相关人员。

（2）负责新闻稿件的写作。

（3）负责会议场地申请。

（4）社长助理负责发出邀请函。

（5）负责大会的记录和现场拍摄工作。

2）文娱部

（1）负责大会期间节目演出人员安排，节目演出顺序的安排（表演时，文娱部要注意灯光的控制）。

（2）表演音乐要事先准备好，提前放到大会现场的电脑上。最好留一份备份在U盘，以应对电脑上的文件无法播放的情况。

（3）选出两位主持人。

（4）选出四位礼仪小姐。

3）宣传部

负责海报、传单等的制作和宣传工作，海报要新颖，力求让每个会员都知道此次动员大会的时间及地点，并能准时到场。

4）网络部

（1）负责大会PPT的制作和演示。

（2）负责活动现场摄影工作及后期照片编辑整理。

（3）发布加入本社团的信息，把前几届我们举办活动的照片都展示出来。

5）组织策划部

（1）负责起草大会策划书。

（2）在整个活动过程中组织协调各部门之间的分工与沟通交流。

（3）准备游戏道具。

（4）布置会场。

6）监察部

（1）负责维持大会现场秩序。

（2）负责做好大会记录。

（3）负责所有人员座位安排。

（4）打印签到表及邀请函，负责签到。

7）外联部

负责拉到赞助。

8）生活部

（1）负责奖品安排，准备30份奖品（作为游戏奖励）。

（2）负责此次活动经费。

九、活动流程

（1）社长通知各干事安排人员提前30分钟到场布置会场。会长及副会长助理协作帮助。

（2）会员到场就座后，播放社团相关幻灯片，向会员介绍"辩才社"，使他们对"辩才社"有更多的了解。

（3）会员到副社长处签到。

（4）全场所有人保持安静，晚会正式开始。

（5）主持人入场，介绍莅临嘉宾领导。

（6）邀请嘉宾领导到场就座，发表演讲。

（7）会长宣布本学期计划纲领汇报。（组织策划部）

（8）副会长简单说明"辩才社"的规章制度。（网络部）

（9）监察部及相关人员负责现场秩序和突发事件的处理。

（10）表演节目。

（11）主持人宣布大会圆满结束，嘉宾领导退场，会员退场。

（12）全体干部及干事留下并合影留念。

（13）活动结束后，协会所有干部及干事负责清理会场，并及时做活动总结。

十、活动人员名单

××大学育才学院辩论与口才交流协会全体会员。

十一、资源设备

电脑、音响、话筒、电源等。

十二、活动经费

（1）邀请函（100元）；

（2）海报及传单的制作（200元）；

（3）会场布置饰物（200元）；

（4）活动奖品（300元）；

总计800元左右。

十三、注意事项

（1）前期宣传一定要做好，务必及时。

（2）赞助要确保到位，保证活动的经费。

（3）教室的申请要提前，不能拖后。

（4）会场的布置一定要果断，保证大会按时开始。
（5）注意人员联系，确保大家可以按时参加大会。

评析：这则策划书结构清晰，考虑周全，将社团活动的背景意义、主题目的、时间、地点、准备和流程、预算及注意事项等方面交代得非常详尽清楚，文字简明，可操作性强。

例 2

×× 公司商业策划书

第一部分 执行概要

1. 企业基本情况

本公司是一家正在创建的专门从事个人形象设计的公司。随着人们生活水平的不断提高和改革开放的不断推进，越来越多的人意识到提升个人形象着实有助于人际关系的改善和事业的成功。与目前已存在的面向名人和演员的形象设计公司不同，我们将市场定位于即将毕业的大学生和白领人士，以帮助他们实现职业形象的塑造。

为此，我们拟将公司设在高校和商业住宅密集的文一路上，这里的年轻人更能接受现代个性化的服务，并能保证他们方便地到本公司来进行包装。

我们有着一群优秀的色彩、服饰专业设计师，能根据顾客的气质风格、性格、喜好、经济承受力，为其提供一套形象设计方案，并根据顾客要求建立长期的服务关系。我们更有一群富有热情并致力于经营这家公司的管理人员。×××是一名出色的营销专家，她将出任公司的营销主管；×××是一位财务方面的专家，她将出任本公司的财务主管。此外，我们还聘请了法律顾问。

2. 投资安排

公司的创建需租用写字楼200平方米，由于地处文一路，月租金为6000元，连同装修、设备费用共需投资50万元。几位经理人员共投资20万元，尚需融资30万元，外部投资者可获得40%的股份，并且我们将采用二次融资的方法，在5年内偿还这笔投资。

我们预计公司第一年的收入可达22.8万元，投资回收期约为4年。

第二部分 市场分析

1. 服务需求调查

通过对在校大学生和白领人士的抽样调查，我们发现分别有35%和50%的人表示需要有专人为他们进行形象设计。

杭州现有30多所高校，在校大学生约为30万人，估计在2014年将达到30万人以上，2014年省应届大中专毕业生和研究生达到9.6万人。随着就业压力的增大，给面试官留下一个好印象显得十分重要，相信会有越来越多的大学生走进我们公司。而今，许多白领人士脱下了职业装，换上了个性十足的服饰，即所谓"星期五便装"，然而上班毕竟不同于逛街或居家，也不能任其发挥到无所顾忌。就办公室的着装来说，要保证大方得体，既有时尚感，又不可过分张扬。这使得我们的形象设计师又有了施展才能的机会。据估计，将有6万名左右的白领人士选择专业设计师为他们进行设计。

2. 价格需求调查

大学生由于经济实力有限，与白领人士所能承受的价格相差较大。

大学生能承受的价位在1000元以下，主要集中在300~500元，而白领人士则集中在1000元左右。我们将根据他们不同的消费能力，制订出适合他们的不同的方案，最大限度地满足他们的要求。

3. 竞争调查

据我们调查，在杭州，绝大多数的形象设计公司针对的是企业形象、产品形象，真正从事个人形象设计的只有几家。

毛戈平形象设计工作室、爱情故事形象设计中心等定位于著名演员和高消费人群，一次收费高达几千元，与我们并不存在直接的竞争。如爱情故事形象设计中心理容广场地处武林路，营业面积达1300平方米。广场设有三个楼层：一层为顾客接待区、发型师美发区和技师工作区；二层设有宽敞的洗发区、专业美容区；负一层为培训区。专门针对时尚人群，主要业务为美容美发设计。而本公司则主要为顾客提供整体形象的设计方案，并根据不同顾客的要求，提供不同的服务，即"个性化服务"，包括色彩、服饰、仪态、形体等多方面的服务内容。

而另外的形象设计室其实是美容美发店或是服装店的附加业务，尚未形成规模，影响不大。因此，可以说普通人的形象设计市场尚无人问津。

4. 市场预测（市场规模、市场前景及增长趋势分析）

服务的购买力预测：在这项新型服务投入市场之初，顾客尚不熟悉，而我们是根据顾客的经济实力来制订设计方案的，因此，在开始时顾客的购买力较弱，或者说他们可能不会选择全套的设计方案，而只选择其中的几个部分。但经过一段时间的推广，顾客逐渐熟悉了该项服务后便会认识到只有全套的设计才是最有效的时候，顾客的购买力就会增长。

服务内容的预测：随着形象设计服务的深入人心，本公司将根据顾客要求适当拓宽业务，开展各项培训活动。如美化形体培训、提高气质风度的培训，等等。

市场占有率预测：现阶段开办的形象设计公司可以说抓住了形象设计领域的先机，可以肯定的是，一定会有更多的公司想进入分一杯羹，本公司的优势是以优良的服务从学生毕业的那一年起为其提供5~15年甚至更长时间的服务。关键是让所有的在校大学生了解我们公司、信任我们公司，我们的目标是每当人们照镜子时就能想到本公司。估计我们的市场占有率可达30%左右。

资源预测：人力资源管理是公司发展动力的源泉，随着顾客的增多，我们必将聘请更多的中高级设计师和设计员。根据我们的调查，杭州市现有形象设计学校一家，上海市有两家，北京市和广州市共有20多家，相信我们可以从中挑选出优秀的设计新星。

5. 营销计划

营销战略：我们针对大学生有限的经济实力，提出"美丽其实很廉价"的口号，从而使他们在心理上消除价格顾虑。而针对白领人士，我们将采取"定制营销"，把每一位顾客都作为一个单独的市场，根据个人的特定需求来进行营销组合，以满足每位顾客的特定需求。

定价策略：我们没有统一的价格，但有明确的价格套餐。即对不同内容的服务其价格是不同的。对于大学生，往往只需要服饰、仪态方面的设计，而白领人士则需要全套的设计方案，因此，定价是有差别的。我们的服务是按期签订合同的，顾客按总金额的50%预交我方对其服务的费用，剩余50%的费用在服务结束后付清。待到期后顾客按照双方的合同，综合评定，看我们为顾客所提供的服务是否为顾客创造了价值。如果顾客觉得我们的服务没有对其创造预期的价值，顾客可以要求全额返还。建立会员制，按季节、年份提供不同的优惠（如给予8折或9折的优惠）。

推销手段：鉴于该项服务的特殊性，我们的营销人员要一改普通营销人员的形象，而要有一定的气质风度来代表我们公司的形象。我们要派推销员深入高校和企业，与顾客面对面地进行推销，定期举办讲座和推广会；免费为部分顾客做色彩和服饰方面的设计，并赠送印有本公司电话、地址的小礼品；联系各大高校的协会、俱乐部作为赞助商以打响品牌；与企业建立良好的公共关系。

建立长期的服务关系：对本公司来说，稳定和提高市场占有率的一大要素就是与顾客建立长期的关系。通过编制顾客档案，建立顾客信息网，进行顾客评估分析，关注顾客的需求，尤其是怨言，以提高顾客的满意度和忠诚度。更重要的是要使顾客在本公司能感到愉快、有尊严。形象设计往往会涉及顾客的容貌、体形等敏感信息，必须在保证顾客自尊心不受到伤害的前提下为其服务。

与各大美容院、百货公司、健身中心建立合作伙伴关系：为使顾客感到方便，我们会根据顾客的要求采购合适的服饰，或指导美容美发，这就需要与相应的机构合作，达到双赢，并有利于将竞争者转化为合作者。

第三部分 经营管理

1. 下图为本公司的组织结构图：（略）
2. 股东结构

目前公司主要股东情况（见表2-2）：

表2-2 目前公司主要股东情况

股东名称	出资额	出资形式	股份比例	联系方式
×××	8万元	现汇	40%	0571-88922371
×××	8万元	现汇	40%	0571-88922371
×××	4万元	现汇	20%	0571-88922313

总经理：
姓名：××× 性别：女 年龄：30岁 籍贯：浙江宁波
学位：硕士 所学专业：投资 职称：中级
毕业院校：清华大学 户口所在地：杭州 联系电话：××××××××××
总设计师：
姓名：××× 性别：女 年龄：28岁 籍贯：浙江湖州
学位：硕士 所学专业：服装设计 职称：高级服装设计师
毕业院校：巴黎圣马丁艺术学院 户口所在地：杭州 联系电话：××××××××××
其他对公司发展负有主要责任的人员
姓名：××× 性别：男 年龄：35岁 籍贯：浙江宁波
学位：硕士 所学专业：设计
毕业院校：新加坡形象设计学院 户口所在地：杭州 联系电话：××××××××××

公司董事和主要管理人员之间无亲属关系，公司不存在关联经营和家族管理问题；公司董事、管理者与关键员工之间不存在直接或潜在的利益冲突。

本公司共有全职员工13人，兼职员工3人。全职人员包括设计师、会计和统计分析师。总经理×××兼管人力资源，同时还担负训练和指导公司的销售人员的责任。×××将出任项目设计方面的主管并担任总形象设计师。×××将对本行业的发展情况及顾客的需求进行持续的分析，制订出符合市场需求的活动方案，并负责公司的广告和宣传业务。推销的工作将由1位正式销售人员来负责，门面将由3位正式销售人员来经营，2名兼职员工协助接听电话，回答顾客咨询的各种问题。

3位管理人员已签署的一项合同约定：他们从加入本公司之日起将至少为本公司服务5年；如果任何一位将来离开本公司，那么从离开之日起5年之内将不能从事与公司有竞争性的业务。事实上，这几位创始人对创办本公司投入了大量的人力和资金，他们将会致力于办成一个成功的形象设计公司。

3. 报酬

3位创始人前5年的工资收入定为3万元/年，这与目前这个行业同等岗位人员的工资水平相比稍低。其他全职员工的工资将为其拉来的顾客数提成、基本工资及附加各种福利（如医疗、养老保险等）组成；工作满一年以上者，每年可享受14天的假期。兼职员工将由主管人员指导，工资为每小时20元。根据有关专家的经验，我们的工资在本地区是有竞争力的。

4. 激励方案

本行业培养高素质的员工是保持老顾客的途径之一。对于正式和兼职销售人员的培训将是一个持续不断的工作。管理人员打算对员工提供广泛的项目训练和定向训练，我们的员工将接受关于产品知识、经营时间、电话交谈技巧、了解会员合同及公司的规章制度的培训。

我们的培训计划比竞争者更为系统和正规。优秀的人员可继续进修；建立升级淘汰制，使每位员工都能得到升迁的机会；3到5年后，开设分店，使优秀的设计师和销售人员都有机会成为主管。

5. 人力资源

我们可以与高校一起建立一个招收兼职学生的计划，这个计划将使公司保持一批年轻、热情的兼职员工，这些员工可以工作2到4年。公司的法律事务将由杭州海通律师事务所负责处理，该事务所有丰富的经验和良好的信誉。

第四部分　企业操作计划

1. 选择地点

××××××

2. 营业时间

上午8:30～11:30，下午1:30～7:30。每天营业9小时。

3. 服务介绍

本公司将秉承"紧跟时代，打造生活"的艺术理念，遵循以"顾客为本"的原则，周全、细致地了解每位顾客的自身需求、感受和生活方式，从服装服饰、化妆、发型、肢体语言、礼仪等方面度身制订出个性化的形象分析和实施计划。

服装顾问将帮助顾客进行衣橱的分析整理，根据顾客的预算制订购置计划或进行陪同购物；专业形象顾问的主要工作是塑造完美的整体形象，根据顾客的体形、身材等外貌上的特征，以及顾客的实际需求、年龄、职业、个性、生活形态等，建立配合个人特质的风格，明确地呈现出一个人与其他人的不同之处，并搭配各种场合，为他们设计不同的形象。

具体内容如下。

（1）精美的装饰品设计。

（2）个性化发型设计、健康体型设计。

（3）个人最佳服饰颜色搭配设计，公共场合自我表现技巧设计。

（4）五官造型化妆设计、个人形体设计。

（5）时代感的服装服饰设计、声音魅力设计等。

从总体而言，形象设计可以包括三大方面。

第一，面部化妆造型。

面部化妆可以分为：脸部美饰化妆法，脸部矫正化妆法，皮肤美饰化妆法，皮肤矫正化妆法，眉、眼、鼻、唇等部位美饰化妆法，眉、眼、鼻、唇等部位矫正化妆法。

第二，发型设计与修饰。

发型设计可以分为：发型设计、特殊发质的修饰技巧。

第三，服装、服饰设计。

服饰设计可以分为：着装设计、服装搭配、饰物佩戴。

4. 发展计划：采用会员制

开业之初，为了高效率地向我们的目标市场传递信息，我们将同几个深受学生欢迎的广播电台签订广告合同，广播的广告费用估计是每半分钟500元（黄金时间）。我们还将联系各高校的协会组织，把我们的广告夹在他们的宣传信件中发出，使之了解会员的优惠制度。

为了吸收会员和增加收入，将在开放前进行吸收会员的促销活动。我们一次性入会费是每人600元，月会费是每人60元。我们的会员在交付入会费和月会费之后，可免费参加由本公司支持赞助的所有培训活动。在吸收了第一批会员之后，我们将在地方报纸上刊登广告；直接邮寄也是我们的长期策略之一；我们还将利用打电话的方式与个人取得联系。

5. 业务的季节性和应变计划

由于本公司面向就业的大学生，在一定程度上存在季节性问题。夏秋季的顾客相对会多一些，而冬春季则相对较少。为了使季节性问题对营收的影响减少到最低限度，对于季节性的现金流入下降，我们将采用收取月计会员和与各种训练班签订短期合同的方式来解决，这个收入约占年收入的7.2%。在冬季，公司将举办讲演及讲座以提高会员的技术水平，由此调节市场需求，提高利润率。

第五部分 财务状况

1. 会员预测

本公司的各项计算采取了比较保守的前提。根据我们所做的市场调查，估计预售会员可达50人。在考虑了约30%的会员退会率的情况下，5年内仍会有20%左右的年增长率。因此我们预计公司的会员情况如下（见表2-3）：

表2-3 预计公司的会员情况

单位：人

年 份	会员数	会员净增加数	总会员数
第一年	50	10	60
第二年	60	20	80
第三年	80	30	110
第四年	110	30	140
第五年	140	30	170

第一年的数据为预售会员数。

2. 会员费

首次入会费为600元/人；每月会费为60元/人。

由于我们经营的地区内没有其他公司提供类似服务，我们只能参考上海市的价格。由于上海市与杭州市的人均收入的差别，我们的收费标准比上海市要低一些。

3. 财务预测条件

（略）

第六部分　融资说明

1. 资金需求量及资金的用途

本公司尚需融资 30 万元，用于聘请优秀的设计师和销售人员，以及设计软件的购买。

2. 投资方的监督和管理权力

投资方有权参与公司的经营管理，公司定期将财务报表报送至投资方。

如果公司没有实现项目发展计划，公司与管理层需要向投资方承担哪些责任？（略）

3. 退出方式

3 年后，本公司将进行第二次融资，如不顺利，本公司将回购股份。

第七部分　风险与保密承诺

1. 风险

本公司在发展过程中可能遇到的风险（包括政策风险、技术开发风险、经营管理风险、市场开拓风险、财务风险、投资风险、对公司关键人员依赖的风险等）。

公司未来 3~5 年在研发资金投入和人员投入上的计划（略）。

2. 保密承诺

本商业计划书内容涉及本公司商业秘密，仅对有投资意向的投资者公开。本公司要求投资公司项目经理收到本商业计划书时做出以下承诺：

妥善保管本商业计划书，未经本公司同意，不得向第三方公开本商业计划书涉及的本公司的商业秘密。

评析：这份商业策划书从 7 个部分详细界定了公司筹建和未来发展的各个方面的情况，考虑全面，体现了商业策划书的严谨和专业。

实战演练

1. 请你代"情景导入"案例中的学生会主席秦方好，拟一份为赵丽同学筹款的慈善捐赠文艺汇演活动策划方案。

2. 现今大学生创业问题越来越受到社会各界的密切关注。请你设计一个小型创业项目并撰写一份商业策划书。

3. 试对例 2 中的商业策划书进行内容和结构的分析。

模块三　会议类应用文

【知识目标】

通过学习本模块，了解邀请函、欢迎词、主持词、开幕词、会议记录、会议纪要等常用会议类应用文的特点和行文规则。

【能力目标】

在日常工作和生活中，能够规范地撰写各种会议类应用文。

3.1　邀　请　函

就读文秘专业的小李毕业后进入一家集团公司从事文秘工作。她每天的工作基本上就是打印资料、接打电话、分发文件。一天上午，办公室主任找到小李，他对小李说："交给你一个重要任务，集团公司将于下个月举办产品博览会，将会邀请全国的客户参展，请你撰写一份邀请客户参展的邀请函。今天下午4点前把文稿交给我审核，能不能完成？"

小李接受了任务，但她以前没有写过邀请函，不知如何开头好，于是小李通过网络查找了相关资料，学习了写邀请函的一些知识，知道了邀请函的格式、种类等。

一、邀请函的含义

邀请函，也被称为邀请信、邀请书，它是邀请亲朋好友或知名人士、专家等参加某项活动时所发的请约性书信。它是现实生活中常用的一种日常写作文种。在国际交往和日常的各种社交活动中，这类书信使用广泛。

邀请函与请柬不同，它们虽然均属于对客人发出邀请的专用函件，但请柬由于其内页篇幅有限，所以正文部分除写明会议（或活动、宴请等）的内容、时间、地点及提请被邀请者注意的有关事项外，无法对会议（或活动、宴请等）的详细内容做进一步的介绍。被邀请者阅读请柬，只知道被邀参加某一会议（或活动、宴请等），却很难从中了解这一会议（或活动、宴请等）的来由和具体情况。因此，请柬一般用于一些宴请活动或常规活动，或者被邀请者是主办者的老朋友；而如果是一些内容较新颖的专题性会议（或活动），被邀请对象中又有不少对主办单位不是很了解的人，一份请柬就显得不够了。由于对会议（或活动）内容及主办者缺乏了解，许多人可能会弃邀请于不顾，不如期赴会。在这种情况下，就需要用到邀请函了。

此外，在文本载体上，请柬用纸精良，制作考究、精美，而邀请函则对用纸、印刷均无特殊要求。

二、邀请函的结构

从结构上来说，不论哪种样式的邀请函，都包括标题、称谓、正文、结尾、落款等部分。

（一）标题

标题由礼仪活动名称和文种名组成，还可包括个性化的活动主题标语，如"北京大学112周年校庆邀请函"及活动主题标语——"5月4日，让我们相聚燕园"。活动主题标语可以体现举办方特有的文化特色。

（二）称谓

称谓即被邀请单位名称或个人姓名，其后加冒号。个人姓名后要注明职务或职称，如"××先生""××女士"，个人姓名的前面还通常加上敬语，如"尊敬的"，以表示尊敬。

（三）正文

邀请函的正文是指正式告知被邀请者举办礼仪活动的缘由、目的、事项及要求，写明礼仪活动的日程安排、时间、地点，并对被邀请者发出得体、诚挚的邀请。活动的各种事宜必须写清楚、周详。若距离较远，则应写明交通路线及来回接送的方式。

（四）结尾

结尾处通常写上礼节性的问候语，如"欢迎参加""致以敬意""敬请（恭请）光临"，等等。

（五）落款

写明邀请单位名称或个人姓名，下面写日期。

三、邀请函的撰写要求

撰写邀请函有以下 3 个要求。

（一）措辞

邀请函的措辞要热情、礼貌。

（二）语气

邀请函的语气应热忱、谦恭，不能强加于人。

（三）文字

邀请函的文字要简练。

示例 3.1

例 1

归来仍是少年

——北京师范大学　2022秋年活动　邀请函

　　犹记当年镜头定格下的青涩笑脸
　　转眼间，毕业已逢秋年
　　忙碌的日子里
　　校园回忆时常涌上心头
　　青葱时光难以忘怀
　　欢声笑语仍在眼前
　　岁月不改青春
　　情深无惧流年
　　纵然离别已久
　　纵然相隔甚远
　　思之所向，山海可平

亲爱的校友：

今年适逢母校建校 120 周年，在此诚邀您参加毕业秩年活动。活动将采取线上或线下方式进行，届时欢迎逢"2"字年毕业的校友们（如 1962 年、1982 年、2002 年等毕业秩年的校友）报名参加。同忆青春，共贺母校百廿华诞。活动安排如下：

活动时间：2022 年 9 月第二周。

活动形式：线上或线下。

参加人员：逢"2"字年毕业的校友们（如 1962 年、1982 年、2002 年等毕业秩年的校友）。

活动内容：

    1. 秩年纪念微电影发布。

    2. "向母校报告"视频发布。

    3. 致秩年校友的一封信。

    4. 办理校友 E 卡。

    5. 赠送秩年特别纪念品：凡报名参加、提交在校照片、录制视频的秩年校友均有精美秩年纪念品相赠。

报名参与方式

方式一：

    1. 微信搜索"北京师范大学校友总会"或扫描下方二维码，关注微信公众号（见图 3-1，二维码略）；

    2. 点击底部菜单栏"我要参与"，进入"秩年报名"栏目，填写并提交您的信息。

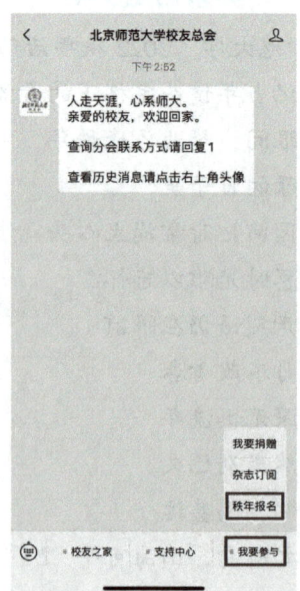

图 3-1　北京师范大学校友总会微信公众号

方式二：

请毕业秩年的班级联络大使（联络员）积极组织班级参加活动，以班级为单位报名请填写"2022秩年活动报名表"（见表3-1）并于7月23日之前发送至××××@bnu.edu.cn。

表3-1　2022秩年活动报名表（以班级为单位）

序　号	姓　　名	毕业年份	毕业院系	班级、本/硕/博	联系电话	邮寄地址

报名截止时间：2022年7月23日。

校友会联系人：

王××，58807××3，1860×××377

沈××，58805××1，1860×××246

北京师范大学校友总会
2022年7月1日

例2

×××××公司年会邀请函

尊敬的合作伙伴：

历史即将翻开崭新的一页，我们也将迎来充满希望和更具挑战性的20××年。在这辞旧迎新之际，首先祝贵公司生意兴隆、万事胜意！同时感谢贵公司一直以来给予我们公司的大力支持与信赖。期待新的一年里我们的友好合作更上一层楼，互利共赢，再创辉煌！

怀着美好的憧憬，带着新年的祝福，我们即将迎来公司一年一度的春茗晚会，为表达对您的诚挚谢意，在全体同仁共同联欢的同时也诚邀您参与我们的晚会，分享我们的快乐！晚会相关安排如下：

晚会时间：20××年××月××日17:30入场，18:00晚会开始。

地点：×××酒店（详细地图和路线见附件）

本次联谊晚会我们准备了丰盛的晚宴和精彩的节目与君共享，还安排了一系列抽奖环节。让我们欢聚一堂，共同欣赏全体同仁精心编排的精彩节目，一起品尝美酒，共商发展大计。

为能提前做好接待安排，方便您的参与，请填写回执联，并于20××年1月10日前回传。

联系人：_____　联系电话：_____　邮箱地址：_____

再次感谢您的支持与信赖，期待我们在合作中互惠双赢，共同发展！

我们期待着您的光临。

×××××公司
20××年××月××日

实战演练

1. 作为公司的一名老员工，你组织了 2021 年的新年酒会，其中有一位公司的合作伙伴杨经理需要你代表公司邀请，你应该如何撰写这份新年酒会的邀请函呢？

2. 了解一下你所在学校的校庆日，给所有校友写一封参加今年校庆的邀请函。

3.2　欢迎词

 情境导入

孙空是某大学学生会学习部部长，被安排参加学校的2019级新生迎接工作。校团委领导安排孙空负责带新生参观校园并致激情的欢迎词。面对即将在校园生活四年的新同学，作为学长的孙空将如何表达他对学弟学妹们的欢迎呢？

孙空应当如何完成这项任务？欢迎词该如何去撰写呢？

 训练指导

一、欢迎词的含义

欢迎词是在迎接宾客的仪式上或在会议开始时对宾客的到来表示欢迎的讲话文书。在外宾来访、领导视察、同仁参观、欢迎新领导、欢迎新同事和欢迎新同学时，都可以致欢迎词。

二、欢迎词的特点

欢迎词具有以下两个特点。

（一）热情洋溢，具有欢愉性

欢迎词体现的是东道主的热情，因此言辞应该富有激情，让来宾体会到主人的真诚，才会有"宾至如归"的感觉。

（二）篇幅简短，具有口语性

欢迎词不宜过长，一般是主人在欢迎现场向客人口头表达的，因此要尽量使语言富有生活情趣，运用生活化的语言，使客人感觉到的不是"客套"，而是"真情"。

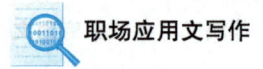

三、欢迎词的种类

欢迎词的种类较多，按其性质与内容一般可以分为以下三大类。

（一）现场讲演欢迎词

现场讲演欢迎词一般是欢迎人在被欢迎人到达时，在欢迎现场口头发表的欢迎词。

（二）私人交往欢迎词

私人交往欢迎词一般是在个人举行较大型的宴会、聚会、茶会、舞会、讨论会等非官方的场合下使用的欢迎词。通常要在正式活动开始前进行。私人交往欢迎词往往具有很大的即时性、现场性。

（三）公事往来欢迎词

这样的欢迎词一般在较庄重的公共事务中使用。要有事先准备好的得体的书面稿，文字措辞上的要求较私人交往欢迎词要正式和严格。

四、欢迎词的结构

欢迎词的结构包括标题、称呼、开头、正文、结语、署名。

（一）标题

欢迎词的标题有两种形式。
（1）欢迎场合或对象加文种构成，如《在校庆 75 周年纪念会上的欢迎词》。
（2）用文种"欢迎词"做标题。

（二）称呼

提行顶格加冒号称呼对象。面对宾客，宜用亲切的尊称，如"亲爱的朋友们：""尊敬的领导："等。

（三）开头

用一句话表达欢迎的意思。

（四）正文

说明欢迎的情由，可叙述彼此的交往、情谊，说明交往的意义。对初次来访者，可多介绍本组织的情况。

（五）结语

用敬语表示祝愿。

（六）署名

用于讲话的欢迎词无须署名。若需刊载，则应在题目下面或文末署名。

五、欢迎词的撰写要求

撰写欢迎词有以下几个要求。

（一）看对象说话

欢迎词多用于对外交往。在各社会组织的对外交往中，所迎接的宾客可能是来自不同领域的，如上级领导、检查团、考察团等。来访目的不同，欢迎的情由也应不同。欢迎词要有针对性，看对象说话，表达不同的情谊。

（二）看场合说话

欢迎的场合、仪式也是多种多样的，有隆重的欢迎大会、酒会、宴会、记者招待会；有一般的座谈会、展销会、订货会等。欢迎词要看场合说话，该严肃则严肃，该轻松则轻松。

（三）热情而不失分寸

欢迎应出于真心实意，热情、谦逊、有礼。语言亲切，饱含真情。注意分寸，不卑不亢。

（四）关于称呼

由于是用于对外（本组织以外的宾客）交往，欢迎词的称呼比开幕词、闭幕词更具有感情色彩，更需热情有礼。为表示尊重，要称呼全名。在姓名后面加上职衔或"先生：""女士："，或在前面加上"亲爱的""尊敬的""敬爱的"等敬语表示亲切。

示例 3.2

例 1

欢迎词

尊敬的××董事长先生，尊敬的贵宾们：

××董事长先生与我们合资建厂已经两年，今天亲临我厂对生产技术、经营管理进行指导，我们表示热烈的欢迎。

两年来我们感到高兴的是，我们双方成功实现了合资建厂，生产、经营管理中的友好关系一直稳步向前发展。我应当满意地指出，我们友好关系能顺利发展，与我们双方严格遵守合同和协议、相互尊重和平等协商是分不开的，是我们双方共同努力的结果。

我相信，通过这次××董事长亲临我厂进行指导，能进一步加深我们双方的相互了解和信任，更能进一步增进我们双方友好合作关系的发展，使我厂更加兴旺发达。

最后，让我们以热烈的掌声，向××董事长表示欢迎！

例 2

第四届国际水产遗传学会议主席的欢迎词

女士们、先生们：

我非常愉快地代表大会组织委员会向应邀前来参加会议的全体与会者表示诚挚的欢迎。

本次大会将探讨水生生物、营养学、生物学、畜牧学中的各种遗传问题及水生经济动物的疾病问题。会议的议题还将包括正在培养或有潜在培养价值的淡水、海水鱼类，两栖类，龟类，软体动物及甲壳动物等。

我们还将邀请诸位游览观赏武汉和中国其他地方的风景名胜。

我们深信第四届国际水产遗传学会议将取得圆满成功，并将是该领域最大的一次国际聚会。

请接受我们最热烈的欢迎！

例 3

宴会欢迎词

女士们、先生们，朋友们：

值此×××厂 30 周年厂庆之际，请允许我代表×××厂，并以我个人的名义，向远道而来的朋友们表示热烈的欢迎！

朋友们不顾路途遥远，专程前来贺喜并洽谈贸易合作事宜，为我厂 30 周年厂庆增添了一种热烈和祥和的气氛。我由衷地感到高兴，并对朋友们为增进双方友好关系所做出的努力，表示诚挚的谢意！

今天在座的各位朋友中，有许多是我们的老朋友，我们之间有着良好的合作关系。我厂建厂30周年能取得今天的成绩，离不开老朋友们的真诚合作和大力支持。对此，我们表示由衷的钦佩和感谢。同时，我们也为能有幸结识来自全国各地的新朋友感到十分高兴。在此，我谨再次向新朋友们表示热烈欢迎，并希望能与大家密切协作，发展相互之间的友好合作关系。

"有朋自远方来，不亦乐乎？"在此新朋老友相会之际，我提议：

为今后我们之间的进一步合作，

为我们之间日益增进的友谊，

为朋友们的健康幸福，

干杯！

例 4

新员工欢迎词

各位女士、先生：

大家好！

我是×××××公司董事长×××。很高兴在各位新职员加入本公司的第一天，就和大家相识。首先，让我代表公司，并代表公司其他领导和同事们，向各位新同事表示热烈的欢迎。

正如大家所知，我们公司在社会上有着良好的声誉和一定的影响。但是我们依旧不断进取，毫不懈怠。今天，见到各位朝气蓬勃的新同事加入本公司，使我颇感欣慰。因为以大家所具有的真才实学，定然有助于使本公司更上一层楼。

相信各位都是有志之士，都是真正来这里干事业的。那么让我们一道友好合作，同舟共济，发奋图强吧！本公司鼓励各位出人头地，并愿意为此而向大家提供各种方便。

再一次向各位表示欢迎！

谢谢大家！

实战演练

1. 苏州市丝绸纺织经贸代表团应邀来你公司参观，并洽谈合作事宜，请你为欢迎仪式撰写一篇欢迎词。

2. 你是某大学2020级新生迎接工作小组组长，为让新同学尽快适应大学生活，每一个迎接新生的工作人员都需要带新生参观校园，请你撰写一篇欢迎词。

3.3 主 持 词

 情境导入

王一是某大学学生会干部，因其形象和口才都不错，团委领导决定由他和另一位同学一起主持校园大学生诗歌朗诵大赛决赛，团委领导要求王一用两天的时间写出一篇精彩的主持词。

如果你是王一，你应当如何完成这项任务？赛事主持词该如何去撰写呢？

 训练指导

一、主持词的含义

主持词是主持人用于说明活动主旨，引导、推动活动展开，串联和衔接前后内容，总结和概括活动情况的文书。在如今的各种演出活动和集会中，主持人往往成了主角，而主持人在台上所说的主持词，则是集会的灵魂之所在。

二、主持人的作用

主持人在各种活动中既是组织者、主持者，又是指挥者，是统领、引导、推进活动进程的人。随着社交活动的增多，主持人的范围也逐渐外延，成为当前十分走俏的热门行当。一些单位或部门，在举行各种会议、联欢会或竞赛活动时，大都采用节目主持人的形式。然而，好的主持词则是发挥主持人主持水平的关键。

三、主持词的种类

主持词的种类较多，按其性质与内容一般可分为会议主持词、文艺演出晚会主持词、赛事活动主持词、广播电视主持词、婚庆礼仪主持词等，几种常见形式的主持词特征如下。

（1）会议主持词是会议主持者主持会议时使用的带有指挥性、引导性的讲话，如《全市交通工作会议主持词》。

（2）文艺演出晚会主持词，这类主持词比较轻松活泼，撰写较灵活。既要有事先拟定的主持词，又要随机应变、幽默风趣，也可以让观众参与，双方互动，创设一种轻松欢快的和谐气氛。

（3）广播电视主持词，撰写这类主持词时需事先尽可能多地了解一些专业知识，抓住重点，反映热点、焦点问题，要把握时机，引导人们思考或参与，吸引听众或观众的注意力。主持人往往采用第一人称，语言亲切，娓娓道来，要晓之以理，动之以情，如《1981年赵忠祥主持"全国中学生智力竞赛"主持词》。

（4）婚庆礼仪主持词，撰写这类主持词时要热情有趣、活泼生动、幽默诙谐，自始至终都要热情洋溢，要烘托出浓浓的喜庆气氛，如《马智宇经典结婚主持词》。

四、主持词的撰写要求与技巧

（一）撰写主持词的一般要求

1. 认真准备、周密策划

如何说开场白、如何前后串联、如何形成高潮、如何结束，都是主持词的重要内容，要潜心研究，精心创作。要撰写会议或活动主持词，必须提前准备，尽早介入。要了解会议或活动的整体情况，掌握全部内容，如会议或活动的主题、目的、到会领导、参加人员、发言顺序等。

2. 勇于创新，不拘一格

主持词的撰写没有固定的格式，它的最大特点就是富有个性。不同内容的活动，不同内容的节目，主持词所采用的形式和风格也不相同。庄重、严肃的活动，如会议、新闻、法制等方面的内容，要选择平稳、厚重的主持词；庆典活动、文艺活动、少儿节目要选择欢快、亲切、生动、活泼的主持词；大型联欢活动的主持词要选择亲切感人、激越明快、富有鼓动性的主持词。除会议的主持需要一定的程式，其他活动和节目的主持词应力求新颖的形式、鲜活的语言，反映新的生活内容，表现新的时代主题。在撰写主持词时要把自己当作观众的朋友，用心去体会、交流，用谈心、聊天的语气，让听众或观众感到亲切、自然，产生感情共鸣。

（二）主持词的撰写技巧

（1）开场精彩，制造场景效应。

良好的开场白对于确定主题基调、表明宗旨、营造气氛、沟通情感是十分重要的。

开场白的方法很多，常见的有以下几种。

① 开门见山，直接入题。

② 情景交融，以情入题。

③ 委婉曲折，含蓄入题。

④ 幽默风趣，以笑入题。

（2）灵活推进，前后衔接，融为一体。

（3）要巧于结尾，留下余韵。

（4）灵活机智，巧于应变。

五、主持词的结构

主持词的结构包括开场白、中间部分、结束语三部分。

（1）开场白：演出或其他开场时引入本题的道白，比喻文章、介绍或讲话等开始的部分。要把握好吸引观众、创设情境、导入主题3个环节，如何在一开始就吸引观众的视线，如何把握观众的心理，怎样导入主题，主持词开场白的撰写非常重要。

（2）中间部分：要突出活动主旨并贯穿始终。如今，文化呈多元化趋势，各种主体性活动很多。了解了活动主题以后，通过主持词的撰写将主题贯穿于所有的节目之中，从而使活动主题步步深化，丝丝入扣，不断将活动推向高潮。

（3）结束语：末尾带有总结性的一段话。

 示例3.3

例1

培训会议主持词

下午的培训马上就开始了，请大家各就各位了，我是今天下午的主持人×××！上午的培训大家的状态都非常好！那现在大家的精神状态好不好，用你们最洪亮、最动听的声音告诉我，现在的状态好不好？

经过一上午的培训，我们对中心的文化已经有所了解，郑总又对我们进行了高品质沟通的培训。相信大家一定有很大的收获。但是我们作为中心的驻校代理只了解这些肯定是不够的，在座的各位有很多是新代理，可能对一些代理知识和以后的工作及发展有很多不明白之处，那么现在有请×××老师对代理职业发展规划课程做一个系统的讲解。大家掌声有请×××老师给我们带来"代理职业发展规划"课程的讲解，鼓掌欢迎。

…………

感谢×××老师给我们带来的关于"代理职业发展规划"课程的精彩讲解，希望在座的每位同学都可以把今日所学派上用场，让我们把热烈的掌声再次送给×××老师！今天×××老师带来的都是对在校大学生来说非常实用的课程。现在，是一个竞争的时代，是市场的竞争，是人才的竞争，更是口才的竞争。在工作和交往中，当众讲话是机遇，更是挑战，每逢这时，许多人心跳加速、紧张，不知道说什么或不知道怎么说，遭遇的是尴尬，留下的是遗憾，失去的是机会。那么大家有没有遇到过这样的场景？不要因为我们没有好的口才而失去表现自我的机会，不要因为我们没有好的演讲能力而错过成就自我的机会，那么下面有请×××老师给我们带来"演讲与口才"课程的精彩讲解。

…………

×××老师讲得好不好？精不精彩？既然我们的老师讲了这么精彩的课程，那么我们大家肯定有很多好的想法和建议，或者还有一些不明白的问题，下面就请同学们自由结成小组进行讨论，有问题的同学可以当场向老师咨询、提问。

我们知道了如何做好高品质的沟通，了解了我们中心的文化，我相信咱们中心"让好的教育没有距离"的宗旨，一定会通过大家传遍燕赵大地。经过一天的培训，到现在也接近尾声了，下面有请×××老师对今天的培训进行总结。请大家以热烈的掌声欢迎×××老师。

例2

文艺类主持词

王：尊敬的各位领导

张：亲爱的各位老师

吴：亲爱的各位同学们

合：大家晚上好！

王：今晚，我们相约在这里，享受缘分带给我们的欢乐，享受这段美好时光。

张：今晚，我们相聚在这里，一起用心来感受真情，用爱来融化冰雪。

吴：今晚，我们相聚在这里，敞开你的心扉，释放你的激情。

王：今晚，我们相聚在这里，这里将成为欢乐的海洋，让快乐响彻云霄！

张：今晚，我们欢聚一堂、载歌载舞。

吴：今晚，我们激情满怀、心潮澎湃。

王：今晚，我们送去我们的祝福。

张：带着祝愿、带着嘱托！

吴：埋藏已久的期盼，化作今日相逢的喜悦。

合：让我们的情感在这里抒发，愿我们的学校明天更辉煌。祝我们的祖国明天会更好。

王：回首往事，我们满怀豪情。

张：展望未来，我们重任在肩。

吴：为了点燃一个斑斓的梦，让我们共同拨亮新年的烛光。

王：让烛光如故，光明永恒。

张：送你一千个祝福，祝福里有我的万语千言。

吴：送你一万个祈祷，祈祷里是我晶莹的杯盏。

王：让欢笑伴着你，欢笑的名字叫灿烂。

张：让温馨伴着你，温馨的名字叫永远。

吴：我的祝福飘在长风里，如歌如梦。

王：我的祈祷飘在雪花中，如诗如画。

张：今夜无眠。

吴：今夜有梦。

王：让我们手牵手。

张：让我们肩并肩。

吴：让我们唱起来！

王：让我们跳起来！

下面请欣赏晚会的第一个节目《劲舞》。

…………

（晚会结束语）

王：快乐的时光总是那么短暂。

女：团聚的日子特别让人感动。

王：今天我们欢歌笑语。

女：今天我们畅想未来。

王：让我们记住今天。

女：让我们期待明天。

女：让我们明年再相会。

合：恭祝大家元旦快乐，合家幸福！

大合唱《难忘今宵》

例3

年会主持词

男：尊敬的各位领导

女：亲爱的各位来宾

男：各位朋友

合：大家晚上好！

男：在这辞旧岁，迎新春的美好时刻，我们迎来了××公司2020年联欢晚会。

女：愿新年的炮声带给我们吉祥如意！

男：我是主持人张××。

女：我是主持人王××。

女：接下来有请公司领导×总和各部门领导上台为我们祝酒，有请各位领导。

（准备酒杯等开始祝酒，主持人致祝酒词，台下一起举杯）

男：这杯酒有3个祝愿：第一个愿望是祝××公司事业兴旺发达，财源广进。

女：第二个愿望是祝我们远方的父母和亲人身体健康，万事如意。

男：第三个愿望是祝我们每一位朋友来年行好运、心想事成、步步高升。朋友们，一起干杯！

（干杯完后，领导回到座席上）

（介绍晚会安排）

男：今晚的晚会分两部分进行，第一部分是吃团年饭；第二部分是文娱表演和抽奖活动，文娱表演和抽奖会在12楼的卡拉OK音乐大厅进行。同时，提醒各位同事，在进入歌舞晚会现场时，记得将您手中的奖券副券投入抽奖箱，这样您才有机会中奖，祝各位同事们好运！

女：接下来的时间请各位尽情享用美酒佳肴。谢谢！

男：谢谢大家！

实战演练

1．某高职院校准备举办"中国梦，我的梦"演讲比赛，请你为这次比赛撰写一篇主持词的开场白和结束语。

2．某公司即将举行产品促销活动，请你为这次促销活动撰写一篇主持词。写出主持词的开场白和结束语。

3．某高校与移动通信公司联合举办纪念"五四运动"97周年联欢晚会，请你为这次联欢晚会撰写主持词。

3.4 开幕词

 情境导入

张一2020年毕业于某高校文秘专业，并成功应聘了某大型企业总裁助理岗位。2020年年底将至，该企业决定召开年度总结暨工作业绩优秀员工表彰大会，企业总裁对本次大会非常重视，要求张一撰写一篇大会开幕词。

如果你是张一，你应当如何完成这项任务？大会开幕词该如何去撰写呢？都有什么类型的开幕词呢？

 训练指导

一、开幕词的含义

开幕词是党政机关、社会团体、企事业单位的领导人，在会议开幕时所做的讲话，旨在阐明会议的指导思想、宗旨、重要意义，向与会者提出开好会议的中心任务和要求。

二、开幕词的特点

开幕词是在一些大型会议开始时，由会议主持人或主要领导人所做的开宗明义的讲话。它具有宣告性、提示性和指导性。按内容可以分为侧重性开幕词和一般性开幕词两种。侧重性开幕词往往对会议召开的历史背景、重大意义或会议的中心议题等做重点阐述，其他问题一带而过；一般性开幕词则只对会议的目的、议程、基本精神、来宾等做简要阐述。

三、开幕词的作用

开幕词通常要阐明会议或活动的性质、宗旨、任务、要求和议程安排等，集中体现会议或活动的指导思想，起着定调的作用，对引导会议或活动朝着既定的正确方向顺利进行，保证会议或活动的圆满成功有着重要的意义。

四、开幕词的撰写要求

开幕词一般由标题、称呼语、正文和结束语 4 个部分组成。

（一）标题

开幕词的标题有以下 3 种写法。

（1）开幕词的标题由会议名称和文种组成，下面注明致辞者姓名和开幕时间。例如，《在全国水文勘测工程技能开幕式上的讲话》。

（2）开幕词如果在报刊上发表使用，往往用"在××会议开幕式上的讲话"的形式。

（3）文章式标题，也称新闻式标题，由正标题和副标题组成。正标题标明目的、结果，副标题由致辞者、会议名称和文种组成。例如，《进一步推动我国对外汉语教学的发展——××在第二届国际汉语教学讨论会开幕式上的致辞》。

（二）称呼语

对与会者的称呼语在第一行，顶格写，以示对对方的尊重，后要加冒号。称呼语一般有"同志们："""各位代表："""各位嘉宾："""女士们、先生们："。

（三）正文

开幕词正文一般包括开头、主体和结尾 3 个部分。

1. 开头

另起一行，首先宣布会议开幕，会议名称要写全称，以表示严肃、庄重。然后交代会议筹备工作情况，或者说明出席会议的领导和来宾的单位、姓名，并向他们表示欢迎；或者交代出席人员情况，尤其是各级政协、人大会议，要根据有关应用文写作规定把出席人员的情况交代清楚。开头的总体要求：开门见山，切入主题，语言要引人关注，吸引听众，新颖精巧，内容要紧扣题意，简明扼要。

2. 主体

主体是开幕词的核心部分，主要包括以下几个方面的内容。

（1）阐明会议的重要意义。具体涉及：这次会议是在什么形势下召开的，会议将要讨论并解决什么问题，这个问题的现实价值如何，有什么迫切性，会议最终将达到什么目的等。

（2）说明会议的主要议程。议程明确的会议，可以将议程直接列项表达，或者对会议将要讨论的主要问题进行阐述。

（3）向与会者提出希望和要求。

3. 结尾

结尾是讲话的终结，它要在一个很短的时间内，抓住众人的注意力，将思想升华，使全篇文章意义深远，发人深省，耐人回味，鼓舞斗志，振奋精神，通常是提出会议任务、要求和希望。

（四）结束语

开幕词常以祝颂语"预祝大会圆满成功"结束会文。祝颂要另起一段，要求简短有力，有号召性和鼓动性。

 示例 3.4

例 1

集团公司第一届职工技能大赛开幕词

领导们、同志们，各位选手：

大家好！

技能大赛是技能人才培养的"指挥棒"和"助推器"。它关注度高，带动性强，激活效应明显。近年来，各级各类技能大赛蓬勃开展，推动一大批能工巧匠脱颖而出、圆梦技能竞技场，带动一大批技能青年勤学苦练、增长才能，也从一个侧面记录了技能人才成长成才的美丽身姿，见证了技能人才工作加力加压、创新推进的铿锵步伐，镌刻了技能人才队伍规模持续壮大、质量不断跃升的辉煌进程。

为集中检验基层职工的实际操作能力，进一步规范生产操作流程，全面提高职工队伍整体素质和业务能力，我们集团公司第一届职工技能大赛在各主办单位、承办单位、参赛单位、评委、全体选手和工作人员的共同努力下，今天即将拉开序幕。在此，我谨代表大赛组织委员会参赛选手和对前来视察工作的省市主管部门的领导表示热烈的欢迎！

举办职工技能大赛，既是职工技能水平的一次展示，也是对职工技能水平的一次检验。大赛活动的深入开展，对于激发广大职工刻苦学习专业技术知识，不断增强学习能力、创新能力、竞争能力和创业能力，努力提高自身的劳动技能和综合素质，进一步在全社会形成劳动光荣、人才宝贵、创造伟大的时代新风，必将起到积极的示范和推动作用。

举办本届职工技能大赛，为选手切磋技能、展示技能搭建了擂台，为各下属公司互学互鉴、互促互进建立了舞台，也为各下属公司交流观点、碰撞智慧、分享经验、加强合作，提高技能人才培养水平指出了方向，将促使我们把握了产业风向，感知了技术发展动向，合力推动了集团公司技能人才工作实现新跨越。

我希望，在本次职工技能大赛中，选手努力拼搏、裁判公正制裁，有关部门全力做好保障，广大职工积极、文明观赛，充分体现我们集团公司干部、职工团结奋进的风采，充分展现新时代职工队伍精湛的职业技能和爱岗敬业、开拓创新的精神风貌，共同将本次大赛办成一届精彩、成功、高质量、高水平的大赛。

展望未来，随着科技进步的日新月异，产业结构调整步伐的不断加快，技能人才队伍建设面临的任务更加艰巨。必须立足新的起点，采取有效措施，进一步建立健全工作机制，形成有利于技能人才快速成长和充分发挥作用的制度环境和氛围。一是要以赛代训、以赛促训，继续抓好职业技能大赛活动。二是要继续开展职业（工种）技能培训工作，努力提高技能培训的实用性、针对性。三是各单位将技能人才队伍建设作为一项重要工作常抓不懈、抓出成效。四是集团公司广大技能人才一定要立足本职，爱岗敬业，干一行、爱一行、专一行，从小事做起、从基础做起，不惧挫折，用埋头苦干的行动创造实实在在的业绩。

新时代，新技能，新梦想。当前，正值"十四五"开局之际，在这个重要时间节点、背景下举办本届大赛，正当其时，恰逢其势，意义重大。我们要认真学习、深入贯彻习近平总书记重要指示精神，高度重视技能人才工作，大力弘扬劳模精神、劳动精神、工匠精神，激励更多劳动者特别是青年一代走技能成才、技能报国之路，培养更多高技能人才和大国工匠，为全面建设社会主义现代化国家提供有力人才保障。

预祝本次集团公司职工技能大赛取得圆满成功！

评析：这是一篇公司领导在集团公司第一届职工技能大赛上所做的开幕词，格式完整，层次清楚，思路清晰。"标题"由会议名称和文种组成；"称呼语"另起一行，顶格写；"问候语"另起一行，单独成行；"开头部分"首先简介了技能大赛的作用和集团近年来在职工技能培训方面开展的工作；然后宣布大赛即将拉开序幕，并向领导、来宾和有关参与人员表示欢迎（这是开幕词的习惯写法，如果是由致辞人宣布开幕，则可在正文第一句就写明"我宣布，……开幕！"）；"主体部分"介绍了办好本次大赛的重要意义，并向参赛的选手、工作人员等提出了要求；"结尾部分"很好地起到了高屋建瓴、鼓舞士气的作用；"结束语"以祝颂语（这是开幕词的习惯写法）结束全文。

例2

第 × 届校园文化 ×××× 节的开幕词

各位领导、老师、同学们：

大家好！

"草树知春不久归，百般红紫斗芳菲。"

在这花红柳绿，激情如火的五月，我们迎来了第九届校园文化艺术节的隆重开幕！在此，我谨代表学校对光临我校的各位领导表示诚挚的欢迎，对艺术节的隆重举行表示热烈的祝贺，对精心筹备和参与本届艺术节的各位老师和同学表示衷心的感谢！

校园有文化，才会有文明的底蕴；校园有艺术，才会有精神的灵动！校园文化艺术节是校园文化的浓缩，是办学特色的呈现，是学校辐射社会的一个窗口。本届文化艺术节的主题是"魅力安职，精彩你我"，活动内容丰富，形式多样纷呈。主要包括学生活动和教师活动两个部分。学生活动：主持人大赛、朗诵大赛、演唱比赛、小品相声大赛、器乐大赛、舞蹈大赛、美术、书法比赛、其他才艺展示表演；教师活动：教师才艺展示。这一道道风景，必将编织起同学们欢快灿烂的学习生活，也必将把我校的素质教育推向一个新的高潮。

为确保本届校园文化艺术节的成功举办，在此，我提三点希望。

第一，希望各部门做好准备工作，确保各项活动安全有序地进行，努力把校园文化艺术节举办成凝聚人心、振奋精神、昂扬向上的盛会。

第二，希望校园文化艺术节成为思想性和艺术性高度统一的活动，把我校营建成充满浓郁人文气息、文明高雅的校园。

第三，希望同学们以饱满的热情投入艺术节的各项活动，在各个舞台上尽情演绎，展现特长。同时能正确处理好活动与学习的关系，力争学习、活动"双丰收"。

同学们，你们是充满朝气的新一代。我相信：因为你们的参与，文化艺术节将展示更亮丽的风采；因为你们的加入，文化艺术节将谱写更精彩的诗篇。愿你们用青春、活力和激情，为五月绚烂的校园锦上添花。

衷心预祝本次校园文化艺术节能够取得圆满成功！

实战演练

1. 假如你身处"情境导入"案例中的情形，该如何撰写一篇开幕词呢？请你尝试撰写一篇开幕词。

2. ××大学团委将于2022年5月4日隆重召开第20届文化艺术节开幕式，你作为分管副校长，将在开幕式上致开幕词。请你撰写一篇开幕词。

3. 某企业将于2022年年底召开企业业绩表彰大会，隆重表彰一年来业绩突出的员工。企业总经理将在会上致大会开幕词，请你代总经理撰写一篇开幕词。

3.5 会议记录

 情境导入

齐眉大学毕业后就幸运地进入一家国企做了办公室文员。她的英语水平很不错，但文秘知识还须学习，就拿应用文写作来说，许多概念还很模糊。然而，还没等齐眉来得及补课，问题就来了。

在齐眉上班的第三天，单位就组织召开了一次重要的行政工作会议，包括企业老总在内的许多领导参加了此次会议。齐眉接到办公室常主任交代的工作任务：做好行政工作会议记录。齐眉心想，虽然自己是第一次做会议记录，应该不至于那么复杂吧。

会议结束后，当齐眉将记录本交给常主任时，她发现常主任的眉头马上就皱了起来。接着她得到的是来自常主任的一连串批评和指教。原来齐眉做的会议记录，不仅格式有误，而且内容有些杂乱、条理不够清晰。领导次要的甚至口语十足的讲话几乎都被记录了下来，而有些重要讲话又来不及记录，留下了空白。

遭遇难堪的齐眉下定决心，要把工作中常用的应用文书学好。

会议记录是工作中常用的事务文书，如果你是齐眉，在做这次会议记录时，面对巨大的信息量，你该注意什么问题、把握什么原则呢？

 训练指导

一、会议记录的含义

会议记录是会议记录员在开会时将会议情况和会议报告、发言、讨论、决议等内容如实记录下来的文书。

二、会议记录的种类

会议记录根据不同的形式，大致可以分为以下两种类型。

（1）按会议内容分，有日常办公会议记录、指示型会议记录、讨论型会议记录。
（2）按记录方法分，有详细会议记录、摘要会议记录等。

三、会议记录的特点

会议记录具有以下几个特点。

（一）真实性

会议记录不同于会议纪要，记录人员只能客观记录而不能进行主观改造，如不能加工、提炼、夸大、缩小，也不能移花接木、张冠李戴。

（二）完整性

会议记录对会议的时间、地点、出席人员、主持人、议程等基本情况，还包括对领导的讲话、与会者的发言、会中的讨论和争议、形成的决议和决定等内容，都要一一记录下来。

（三）凭据性

会议记录是会议原始情况的真实记录，因此更为可靠。它是查对会议情况的真实凭据。

（四）明确会议的主要精神和决定事项

会议记录一经下发，将对有关单位和人员产生约束力，起着类似于指示、决定或决议等指挥性公文的作用。会议记录还可以作为与会同志向单位领导汇报、向群众传达的文字依据。

（五）备考性

一些会议记录主要不是为了贯彻执行，而是向上级机关汇报或通报信息，必要时可供查阅之用。

四、会议记录的作用

会议记录具有以下4个方面的作用。

（一）重要依据

会议记录可作为研究和总结会议的重要依据。凡属大型会议，后期都要总结，有时"工作报告"和"讲话"等还要根据各组讨论的意见进行修改，这一切的重要依据都是会议上的各种"记录"。同时，会议记录还可以为日后分析、研究、处理有关问题提供参考依据。

（二）通报信息

会议记录有的可作为文件传达，以使有关人员贯彻会议精神和决议；有的可向上级机关汇报或通报信息，使上级机关了解有关决议、指示的执行情况。

（三）参考资料

会议记录是编写会议纪要和会议简报的基础、重要的参考资料。

（四）档案凭证

会议记录是重要的档案资料，在编史修志、查证组织沿革、干部考核使用、落实政策、核实历史事实等方面，起着无可替代的凭证作用。

五、会议记录的结构

会议记录一般由标题、会议基本情况、会议内容、结尾4个部分组成。

（一）标题

会议记录的标题由会议名称加文体名称组成，即"×××××会议记录"。如果使用的是专用的会议记录本，连"记录"二字也可省略，只写会议名称。

（二）会议基本情况

1. 会议时间

要写明年、月、日，上午、下午或晚上，××时××分至××时××分。

2. 会议地点

如"××会议室""××礼堂"等。

3. 主持人的职务及姓名

如"校党委书记××""公司总经理××"。

4. 出席人

根据会议的性质、规模和重要程度的不同，出席人一项的详略也会有所不同，如果人数不多，可一一写明姓名。人数较多，可以只写身份和人数，如"各院系党总支书记和直属党支部书记39人""全体中层干部"等。如果出席人身份复杂，如既有上级领导，又有本单位各部门的主要领导，还有各种有关人员，最好将主要人员的职务、姓名一一列出，其他有关人员则分类列出。

5. 列席人

包括列席人的身份、姓名，可参照出席人的记录方法，写出姓名或只写列席人员的范围。

6. 缺席人

如有重要人员缺席，应做好记录，注明缺席原因。

7. 会议主题

用一两句简明扼要的话说明本次会议的主题。

（三）会议内容

这部分随着会议的进展一步步完成，没有具体的固定模式。一般包含以下几个方面：会议议程，会议报告和讲话，会议讨论和发言的表决情况，会议决定和决议，会议的遗留问题。这些是一般会议都有的项目，但侧重点会有所不同，先后次序会有所不同。撰写会议内容有以下两种记录方法。

1. 摘要记录

一般会议只要求有重点地、扼要地记录与会者的讲话、发言及决议，不必"有闻必录"。所谓重点、要点，是指发言人的基本观点和主要事实、结论。对一般性的例行会议，只要概括地记录讨论内容和决议的要点，不必记录详细过程。

2. 详细记录

对特别重要的会议或特别重要的发言，要做详细记录。详细记录要求尽可能地记录下每个发言者的原话，不管重要与否，最好还能记录下发言者发言时的语气、动作表情及与会者的反应。如果发言者是照稿子念的，可以把稿子做附件，并记录下稿子之外的插话、补充解释的部分。为了提高记录速度，保证记录的真实性，可以适当使用一些辅助工具（如录音笔等），也可以使用一些自己熟悉的简称、代号、符号，等会议间歇或会后整理时再补上全称或原称。必要时，可以学习速记法。

（四）结尾

记录人签名。重要会议还应该由主持人签名。

六、会议记录的撰写要求

会议记录的撰写要求如下。

（一）做好准备

事先要了解会议的议程，以便于在记录过程中注意各有关方面的关系，将一些事宜有机地联系起来，加快记录的速度。记准、记全：会议记录是原始凭证，所以贵在准确、齐全。采用速记和录音的办法，也是保证"记录"准确、齐全的有效方法。

（二）方法得当

会议记录既可采用符号速记，也可采用文字记录。重要会议、重要领导人讲话可速记。一般会议，可使用文字摘要记录的方法。

（三）注意整理

通常情况下，现场记录是原始记录，一般需要整理。整理的要求：在原始记录的基础上增补遗漏、纠正错误、核实决议，纠正语法错误，合理划定段落。

示例 3.5

例 1

××有限公司行政办公会议记录

时间：2020 年 5 月 6 日 星期三 上午 10:00～11:20

会议地点：行政办公大楼 508 会议室

会议主持人：办公室孙××主任

会议记录人：办公室文员刘×

出席人：公司各部门负责人、业务骨干和部分员工代表

缺席人：财务部郝××部长（公差外出）

会议内容：

孙××主任：

为了公司的良好发展，商讨、协调、布置公司近期工作，因此今天我们召集各部门负责人、业务骨干和部分员工代表在此召开一次公司行政办公会议。首先我们请业务部程××经理介绍一下公司的相关情况。

程××经理：

1. 关于公司人员的重新分配。从今天开始，业务部齐××着重网站的优化工作，做好网页的宣传，而新入职的办公室助理向×则接手齐××之前担任的行政工作内容，其他人继续坚守好自己的岗位。

2. 严格管理业务部，业务是最重要的模块，要加大力度抓紧投入。

3. 严格执行考勤制度。一个月内迟到两次要相应地扣除工资，遵守打卡制度，如有

特殊情况，须提前通知办理请假手续，而请假的员工需在次日到梁经理处签名。

4. 我们将对员工座位进行重新编排，把业务部的人员安排在一起，让公司有一个严谨、规范的形象。

5. 最后，我们申请一个专门对外接受咨询的QQ，每天专门由办公室文员刘×一人负责登录，然后分派给业务员，到月末进行统计网上咨询、了解公司产品和信息的客户人数。这样有利于公司决定加大还是保持现在的投入力度。

王××总经理：

刚才程××经理从公司业务部门的人员调配、内部管理等方面做了具体的安排和规定，从中我们可以看出，公司的业务人员分工更为合理，更能发挥员工所长，同时内部管理更加严谨和细化，这对公司来说是一个积极的改变。下面我再提几点意见。

1. 加强生产、销售，销售是重点，需要用心做。另外，还提议员工多走进车间，这样可从中更好地了解产品的参数和构造。

2. 对产品的投放力度要加大，努力完善网站的优化。

3. 尤其外贸部这一模块，需对其进行更详细的细化、整理。

孙××主任：

王××总经理给我们提出了几条重要的指导意见，让我们明白做业务最重要的是用心和专业。下面我从行政工作的角度谈几点。

1. 由于下班后办公室在没有业务员的情况下仍然有电话打进，所以我建议将电话转接到各位业务员的手机上，这样我们能够及时接到电话，不至于错过重要业务和信息。

2. 办公室的仪容要靠大家一起整理，小至每一位员工的工位，大至公司的财产保护，尽力改善公司的形象，让他人看到公司的规范。

3. 同事之间应该互相提出建议，做到一起进步和努力。

最后，我要说的是，每一位员工都需要用心投入，付出与收获是成正比的，公司的发展离不开每一位员工的努力。

今天的会议到此结束，散会！

主持人：×××

记录人：×××

评析：这篇行政办公会议记录主要是围绕公司的销售业务和内部管理而展开的，主题集中，语言简明，结构完整。

例2

××党支部会议记录

时间：××××年××月××日上午9点至11点

地点：×××会议室

主持人：××系党支部书记×××

出席人：支部全体党员（详见点名簿）

列席人：×××（职务）、×××（职务）……

缺席人：×××（缺席原因，如学习、出差、生病等）

会议主题：

1. 讨论支部工作报告。

2. 讨论通过预备党员×××、×××的入党转正问题。

×××（主持人、书记）：今天，我们召开支部全体党员大会，今天会议的议题是，讨论通过支部的工作报告和讨论×××、×××预备党员的入党转正问题。下面让我来向大会做支部工作报告，请与会同志酝酿，充分发表意见。（书记做支部工作报告，记录报告要点）

×××：（详细记录每位同志的发言）

×××：

×××（主持人）：刚才，同志们对我们的工作报告提出了许多宝贵的意见，我们会认真加以考虑，不断改进工作。接下来，我们研究预备党员的入党转正问题。

（记录详见《发展党员专用记录本》）。

主持人：×××
记录人：×××

评析：这篇会议记录虽然在内容上有所节选，但总体格式上非常完整和规范，能清晰地反映出这次会议的内容和概貌。

实战演练

1. 请你组织一次主题班会，并对这次班会做好会议记录。

2. 将下面的材料按照会议记录的格式及要求整理成一份规范的会议记录。

时间：2018年4月

地点：涉外文秘高职3班教室

出席人：涉外文秘高职3班学生

缺席人：×××

主持人：团支部书记×××

记录人：×××

现将这次春游的会议情况记录如下。

（1）团支部书记×××说明了这次会议召开的原因。

（2）班长×××提出了春游地点的建议，副班长×××建议去农山，并说明了去农山的理由，得到大家的一致认同。

（3）×××提议的时间为本周六，刚好是清明节。经大家讨论，认为可以。

（4）×××介绍了关于农山的一些情况。

（5）大家讨论了分组情况，以少数服从多数的举手表决决定以8人为一组，且要选出一名组长负责解决组内问题。

（6）生活委员×××介绍经费的情况：由班费拿出一部分钱分配给各组，不够的由各组召集解决。

（7）总负责人是×××，有问题可以找她商量。

（8）注明：如果清明节那天下雨，则春游活动将会延迟，另定时间。

3.6 会议纪要

某职业技术学院文秘系召开了一次爱国主题系会，2018—2020级学生会成员参加了该会议，院长、团委书记、院办主任等领导应邀出席。系主任做了讲话，系学生会主席主持了会议。大家发言很热烈，2018级、2019级、2020级学生代表分别汇报了本级所开展的爱国活动。

请模拟举办这次系会，并以院办的名义撰写一份格式正确的会议纪要。

一、会议纪要的含义和种类

《国家行政机关公文处理办法》规定，会议纪要"适用于记载、传达会议情况和议定事项"。会议纪要是一种以纪实性为主，兼具一定指令效力的法定公文文种。在会议结束后，如有必要将会议讨论和决定的事项周知相关行政机关时才行文，否则不行文。会议纪要的内容是在会议原始材料的基础上加以概括整理，选择其中的重点部分而形成的文字，涉及事项可少可多。

会议纪要成文后，一般会抄送给所有与会单位及上级主管机关，用来交流会议情况、通报会议成果。当会议纪要被用于传达会议精神和议定事项，要求与会单位共同遵守执行时，则需要借助上级主管机关的发布性通知，将会议纪要作为发布性通知的附件向下行文。

根据会议纪要的具体用途，可以将会议纪要划分为以下3种类型。

（一）日常办公会议纪要

各级行政机关、企事业单位的领导层在处理日常事务时会定期召集集体会商，如国务院常务会议、市长办公会议、局长办公会议、校长办公会议、总经理办公会议等。这些会议上所做出的决定需要以日常办公会议纪要的形式记录，会后下发本单位内部贯彻执行。

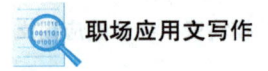

（二）指示性会议纪要

具有决定权的行政机关，如省部级、县市级行政机关在布置某些重要的工作方针、决定某些重大的工作事项时，会召开有全体下级机关参加的大型会议。会后需要将会议内容以会议纪要的形式记录，再由具有决定权的行政机关通过发布性通知加以发布，要求全体下级机关共同遵守、共同执行。

（三）讨论性会议纪要

行政机关和各类社会组织在自身活动中，有时会面临某些重大决策的理论探讨和实际操作问题，需要召开相关各方包括学术界参加的研讨性会议，通过会议反映实际情况、发表各方意见，再将这些情况和意见以会议纪要的形式记录，抄送有关各方交流信息、沟通意见，同时也为行政机关决策提供参考依据。

二、会议纪要的结构和撰写方法

不同类型的会议纪要，其结构和撰写方法也有所不同。

（一）日常办公会议纪要的结构和撰写方法

日常办公会议纪要的结构一般由标题、编号或会议日期、会议情况介绍、会议议定事项纪要、参会人员名单等部分组成。

1. 标题

会议纪要标题属特殊法定公文标题，即"会议名称＋文种"，如《××办公会议纪要》。

2. 编号或会议日期

会议纪要作为一种纪实性法定公文，与其他以信函形式行文的法定公文文种不同，它使用记录文体式行文，前无主送机关，后无文尾落款，全文使用第三人称叙述。

办公会议纪要有时使用正常发文字号发文，有时使用编号发文。在使用正常发文字号发文时应在标题下方居中位置标示成文日期，成文日期应以阿拉伯数字书写，并用圆括号标注；在使用编号发文时，可以以主要负责人任期或年度为单位，按发布时间顺序编号，具体形式为："第×号"或"××××年第×号"，其中年号和顺序号应使用阿拉伯数字。

3. 会议情况介绍

会议情况介绍部分应清楚说明会议时间、会议地点、会议主持者、会议主要议题、会议主要议程等要素，常用句式为："××××年××月××日，×长（主持人职务）×××（主持人姓名）在××××（会议地点）主持召开了××××办公会议。会议听取了××××（汇报单位名称）关于××××（工作事项名称）的汇报，会议讨论了……，会议部署了……"。有相关单位派人员参加时，也需对他们做简要介绍，如"××××、××××、××××、××××（相关单位名称）有关同志出席了会议"。在会议情况介绍的结尾部分，一般使用过渡句"现纪要如下"引导下文。

4. 会议议定事项纪要

这部分应将办公会议的议定事项分条项逐一准确记录，包括各具体事项的指定承办主体、事项目前的进展情况，遇到的问题和困难，解决的措施及实施的期限等要素。常用表达句式有"××××（承办主体名称）要（可、必须）……"或"会议同意××××（承办主体名称）……""会议原则同意××××（承办主体名称）……""会议明确××××（承办主体名称）……""会议指定××××（承办主体名称）……"等。

5. 参会人员名单

由于办公会议的参会人员规模有限，因而在办公会议纪要的结尾通常应详细列出所有出席会议人员的名单，以显示记录的完整性。

办公会议纪要的制发机关一般是行政机关的秘书部门，可在版记部分做出标示。

（二）指示性会议纪要的结构和撰写方法

指示性会议纪要的结构一般由标题、署名与成文日期、会议情况介绍、评价分析与应对、会议议定事项纪委等部分组成。

1. 标题

指示性会议纪要标题属特殊法定公文标题，即"会议名称＋文种"，如《××××工作会议纪要》《××××工作协调会会议纪要》等。

在实际的公文撰写过程中，指示性会议纪要常常错误地使用了讨论性会议纪要的文种名称，被命名成《×××××座谈会纪要》《×××××研讨会纪要》，从而混淆了指示性与讨论性这两种会议纪要的性质与功用，应注意避免。

2. 署名与成文日期

按照记录文体式，指示性会议纪要应将制发机关署名与成文日期依次标示在标题下方居中位置，其中成文日期应用汉字书写，并用圆括号标注。

3. 会议情况介绍

会议情况介绍部分应清楚地说明会议依据、主办单位、会议时间、会议地点、会议名称、会议主要成果、会议主要议程、参加会议人员等要素。会议的层级越高，上述要素的说明越应全面。这部分的惯用句式有"根据……，经……批准，××××（主办机关名称）于××××年××月××日在××（地名）召开了××××××（会议名称）会议。会议听取了……，总结交流了……，研究部署了……。××××、××××××等××

（数字）余人出席了会议"。

4. 评价分析与应对

这部分包括对前一阶段工作的回顾与评价、对现阶段面临形势的分析、提出下一阶段工作的指导方针，在表达方面应注意简洁概括，不涉及具体的工作细节。惯用句式有"会议认为……"（引领对前一阶段工作的回顾与评价）、"会议指出……"（引领对现阶段形势的分析）、"会议强调……"（引领所提出下一阶段工作的指导方针）。在这部分的结尾可使用过渡句"会议议定如下事项""会议议定事项如下"等。

5. 会议议定事项纪要

指导性会议议定事项一般较为宏观，非单个政府部门可以独立完成，常存在需要多个部门协作完成的情形，撰写时可采取序号加小标题的形式为议定事项分条立项。小标题只提示要达成的任务目标，各协作部门之间的具体分工及完成方法、完成时限等细节可在小标题下进一步详细说明。常用表达句式有"××××（承办主体名称）要（可、必须）……"。

多数指示性会议纪要采用无结尾的结构形式行文。如有结尾，一般会向与会者提出希望和要求。

（三）讨论性会议纪要的结构和写法

讨论性会议纪要的结构一般由标题、署名与成文日期、会议情况介绍、讨论内容纪要等部分组成。

1. 标题

讨论性会议纪要标题属特殊法定公文标题，即"会议名称＋文种"，如《×××× 座谈会纪要》《×××× 研讨会纪要》《×××× 经验交流会纪要》等。

2. 署名与成文日期

按照记录文体式，讨论性会议纪要将制发机关署名与成文日期依次标示在标题下方居中位置，其中成文日期应用汉字书写，并用圆括号标注。

3. 会议情况介绍

会议情况介绍部分应清楚地说明会议目的、主办单位、会议时间、会议地点、会议名称、会议主要成果、会议主要议程、参加会议人员等要素。会议的层级越高，上述要素的说明越应全面。这部分的惯用句式有："为……，由×××××（主办机关名称）主办，×××××（承办机关名称）承办，×××××（协办机关名称）协办的×××××（会议名称）会议，于××××年××月××日在××（地名）召开。会议围绕××××× 主题进行了学术研讨，邀请了××× 做专题报告，介绍了……。来自××××、××××××的××（数字）余人出席了会议"。在会议情况介绍的结尾部分，一般使用过渡句"现将会议讨论的主要问题纪要如下"引导下文。

4. 讨论内容纪要

讨论内容纪要用于综述会议讨论中被与会人员集中关注的问题。撰写时，可将各个问题作为小标题并加上序号分条立项。在各项中，可以引用与会人员具有代表性的发言内容体现会议讨论的结论，常用句式有"×××提出……""×××指出……""×××认为……"。在各项中，还可采用第三人称叙述模式，常用句式有"会议认为……""会议提出……""会议建议……"等。

多数讨论性会议纪要采用无结尾的结构形式行文。如有结尾，一般会向与会者提出希望和要求。

示例 3.6

例1 日常办公会议纪要

市长办公会议纪要
（2019年3月25日）

2月27日下午，市长××在市行政中心936会议室主持召开市长办公会议，讨论研究了关于选拔2018年度××市有突出贡献的中青年专家候选人、关于××市2019年利用外资工作考核实施意见、关于落实我市第二次土地调查工作经费、关于异地新建大桥中心小学相关情况、关于减免食品药品检验检测中心工程项目城建配套费及人防费等相关事宜。现纪要如下：

一、关于选拔2018年度××市有突出贡献的中青年专家候选人

市人事局局长×××汇报了有关情况。自去年12月份以来，我市在全市范围内组织开展了××市有突出贡献的中青年专家选拔工作，经个人自荐、基层企事业单位推荐、主管部门审核，并按照获科技进步奖、授权专利、承担的重大科技项目、发表的论文论著及个人荣誉等各方面情况进行量化考核，初步评选出8名候选人。会议对8名候选对象进行了认真研究，同意市人事局提交的候选方案，并上报××。

二、关于××市2019年利用外资工作考核实施意见

市外经贸局局长××汇报了有关情况。会议认为，面对全球金融危机的不利影响，面对国际国内经济下行的压力，面对招商引资工作出现的新情况、新变化，适当调整招商引资考核意见，增加设立规模项目奖、招商领域招展奖、产业链项目奖、企业嫁接奖等奖项，有利于进一步调动各镇、各部门招商引资的积极性，进一步提高招商组织程度，实现招商引资工作新突破。会议原则同意市外经贸局提交的××市2019年利用外资工作考核实施意见，要求做进一步修改完善后下发施行。

三、关于落实我市第二次土地调查工作经费

市国土资源局局长××汇报了有关情况。会议认为，第二次土地调查是一项重大的国情国力调查，对于促进全市经济社会可持续发展和加强国土资源管理具有十分重要的意义。会议明确，第二次土地调查工作经费具体由常务副市长×××协调解决。

四、关于异地新建大桥中心小学相关情况

大桥镇镇长××汇报了有关情况。会议认为，异地新建大桥中心小学（含大桥中心幼儿园），对于进一步完善沿江配套功能，加快沿江区域教育现代化建设步伐，满足沿江区域不断增长的教育需求具有十分重要的意义。会议同意对新建大桥中心小学（含大桥中心幼儿园）给予相关优惠，明确城市基础设施配套费给予减免，人防费给予缓缴，环评、白蚁防治等相关中介服务性收费原则上按成本价进行收取，国土部门收取的工作经费按最低标准收取。

五、关于减免食品药品检验检测中心工程项目城建配套费及人防费

市药监局局长××汇报了有关情况。会议认为，新建食品药品检验检测中心，对于提高食品药品监管水平，切实保障人民群众身体健康具有十分重要的意义。会议同意对该中心城市基础设施配套费进行减免，对人防费给予缓缴。

出席人：（略）

例2　指示性会议纪要

省重点项目领导小组2018年第一次全体会议纪要
××省人民政府办公厅
（2018年2月13日）

2月11日，省委常委、常务副省长、省重点项目领导小组组长××主持召开全省重点项目领导小组2018年第一次全体会议，专题研究重点项目推进工作。副省长、省重点项目领导小组副组长××，省政府副秘书长××和省重点项目领导小组成员单位负责人参加会议。会议听取了省发展改革委（省重点办）关于全省2017年重大项目计划执行情况及2018年全省重点项目建议计划的汇报，对2018年全省重点项目推进工作进行了安排部署。会议审议并原则通过了《××省2018年重点项目建议计划》和《××省人民政府关于做好2018年投资工作的意见（代拟稿）》。

会议认为，2017年在省委、省政府领导下，全省上下奋力推进"两个加快"，着力强化投资拉动和产业支撑，加强协调服务，强化要素保障，大力推进重大项目建设，超额完成年度计划目标任务，为我省经济社会发展做出积极贡献。

会议指出，2018年是"十二五"开局之年，也是实施新一轮西部大开发的第一年。为确保实现我省"十二五"良好开局，必须继续坚持把投资拉动作为推动经济增长最直接、最主要的抓手，稳定和扩大投资规模，保持投资的持续拉动力；坚持充分发挥重点项目对全省投资的支撑、导向和带动作用；坚持加强以基础设施为重点的项目建设，加快推进在

建项目进度，狠抓新项目开工。

会议强调，各级各部门要充分认识重点项目建设在带动全省经济社会发展中所起到的重要作用，加强沟通衔接，强化协调配合，形成工作合力，全力推进省重点项目建设。

会议议定以下事项：

（一）修改完善《2018年重点项目建议计划》（以下简称《建议计划》）。一是省发展改革委牵头，会同省重点项目领导小组其他成员单位再次对《建议计划》中的项目进行认真审查，严格把关，筛选出对××省经济社会发展具有支撑、导向和带动作用的项目。修改完善后报省政府常务会议审定。二是南充机场改扩建工程和甘孜州"两路一隧"项目事关交通枢纽建设和藏区经济社会发展大局，要纳入全省60个重点推进项目。

（二）筹备全省重点项目推进工作会议。省发展改革委要会同省政府有关部门，尽快筹备全省重点项目推进工作会议，安排部署全省投资和重点项目推进工作，签订投资和重点项目工作目标责任书，将投资和重点项目目标任务细化分解落实到市（州）、省级行业主管部门和中央在川企业。

（三）加大重点项目建设用地支持和管理力度。一是国土资源厅会同省发展改革委进一步加强重点项目建设用地监管，下发一个紧急通知，要求市（州）、县（市、区）和有关部门、项目业主单位坚持依法用地，及时办理被征地农民社会保险和建设用地报征手续。二是国土资源厅要在国家下达我省的建设用地计划指标中，优先安排省重点项目建设用地。

（四）高度重视重点项目建设资金保障工作。要采取多种方式，拓宽融资渠道，大力筹措重点项目建设资金。一是抓住国家继续实施积极财政政策的机遇，紧紧围绕国家重点投向，抓紧做好项目准备和投资计划申报工作，积极争取国家更大支持。二是筹备召开重点项目金融对接工作会议，进一步加强银政、银企合作，及时向银行和有关金融机构推荐重点项目，引导银行信贷资金向重点项目倾斜。三是继续发挥××发展、铁投、交投等投融资平台的作用，加大重点项目资金和建设资金筹措力度。

（五）健全完善重点项目推进工作机制。一是继续实行重点项目月报制度。省发展改革委（省重点办）继续按月汇总分析全省重点项目推进情况和计划执行情况。二是健全重点项目协调机制。省重点办要进一步健全重点项目推进工作协调联动机制，注重部门、市（州）、项目业主的协调联动，搭建省、市、县三级联动平台，每月召开一次全省重点项目协调会议，及时协调解决项目实施中存在的问题和困难。三是扎实推进项目前期工作。注重项目前期工作的落实和可行性认定，确保省重点项目符合国家产业政策和投向；完善省、市、县三级"审批绿色通道"，推行并联审批，提高审批效率。省政府有关部门要围绕项目审批所需要件，提前介入，主动作为，指导市（州）、项目业主单位等做好项目前期工作。

例3 讨论性会议纪要

2010全国中成药学术研讨会会议纪要
中华中医药学会中成药分会
（2010年8月24日）

  为促进中成药研发、生产、使用和管理等环节及各部门间合作，同时加强军队与地方中医药学术交流，由中华中医药学会中成药分会和全军中药专业委员会主办、解放军302医院和沈阳军区总医院及辽宁省药学会承办、成都地奥制药集团有限公司协办的2010全国中成药学术研讨会，于8月13日至15日在沈阳召开。中国工程院院士李连达，中国中药协会会长、国家中医药管理局原副局长房书亭教授，国家食品药品监督管理局药品评价中心杜晓曦主任，国家自然科学基金委中医中药学科王昌恩主任，总后卫生部周登峰助理，沈阳军区卫生部王佳副部长，中华中医药学会学术部刘平副主任，沈阳军区总医院徐兴林政委等领导出席并致辞。

  同时，中华中医药学会中成药分会和全军中药专业委员会召开了换届改选会议。在本次会议上，全军中药研究所所长肖小河研究员被全体委员一致推选为中华中医药学会中成药分会和全军中药专业委员会的新一届主任委员。

  本次大会盛况空前，来自全国全军各大医院、科研机构及企业的367名代表参加了会议。大会围绕"创好药、制好药、用好药"这一主题进行了学术研讨。大会特邀院士及20余位国内知名专家向大会做了专题报告，介绍了中成药研究领域的最新成果和前沿动态，提出了关系中成药安全性、有效性和经济性的热点问题和解决出口。现将会议讨论的主要问题纪要如下：

  （一）中成药安全性评价

  中成药安全性已成了当今业内外人士关注的热点问题和中医药研究的重大课题。李连达院士和杜晓曦主任分别做了有关中成药安全性的精彩报告。中成药安全性研究的关键科学可归纳为"两个阐明"和"两个保障"。"两个阐明"就是两大任务：一是要科学阐明中成药不良反应的客观真实性，即要明确中成药是否有毒、毒性大小、毒性靶器官、毒理学机制等。二是要阐明中成药合理制用减（避）毒的客观性和科学性。"两个保障"就是两大目标：一是消除人们对中成药安全性的担忧，保障人们用药安全。二是弘扬中成药安全性的巨大优势，保障和促进民族医药产业健康持续发展。

  （二）中成药有效性再评价与提高

  有效性是药物的根本属性，总体来说中成药有效性是毋庸置疑的，但是也亟待提高。会上，国家药审中心审评二部张磊部长做了"什么是好药，如何创好药"的报告，××中医学院××副校长做了"中成药上市后再评价的策略"的报告，引起了与会代表的广泛关注。中成药有效性评价研究应重点做好以下两个方面的工作：一是要以防治常见病和重大疑难疾病中成药为切入点，采用包括循证医学分析在内的现代研究分析方法，对中成药新药和已上市品种的疗效进行科学、严谨、规范、客观的评价实现优胜劣汰，推出一批疗效确切、特色突出的国家中成药精品。二是要以中成药剂量—效（毒）关系研究为切入点，寻找和确定中成药安全有效的"治疗窗"，合理增加中成药剂量，这可能是提高中成药临床疗效的重大举措。有的中成药疗效平平或不够确切、剂量偏低是其重要原因。"中庸思想决定论""超剂量风险论"等是中成药剂量长期偏低的几大渊薮。

（三）中成药药效物质筛选与辨识

中成药药效物质基础与作用机理是中成药现代化的关键科学问题之一，也是传统医学与现代医学之间最易实现沟通并达成共识的研究领域。目前中成药药效物质筛选与辨识主要有4种模式：①传统的植化分离与辨识模式；②活性示踪的植化分离与辨识模式；③基于生物色谱的中成药药效物质筛选与辨识模式；④基于数据库知识挖掘与计算机虚拟筛选的中药药效物质辨识模式。上述筛选与辨识模式各有利弊，肖小河课题组首次提出和实践基于敲出敲入的药效物质辨识新模式，促进新药发现，是具有前瞻性的研究思路。

（四）面向临床的中成药标准化研究

会上，肖小河主任委员做了"面向临床的中成药标准化研究"的报告，指出了质量控制的新的发展方向，得到了与会专家的极大关注。"成分论"模式既难以保证中成药质量的一致性和稳定性，也难以关联或反映其临床使用的安全性和有效性。鉴于现行中成药质量控制管理的现状和问题，同时比较分析中成药与生物制剂和化学合成药生产质量控制管理模式的差异性和合理性，应借鉴生物制剂生产质量控制管理模式，建立以生物评价为核心的中成药生产质量控制体系，即建立基于道地优级药材和生物效价检测的中成药质量控制模式和方法，从常规、化学和生物活性/效价多重角度共同把关中成药内在质量，逐步构筑和完善能体现中成药特点的、力求"我主人随，兼容并蓄，普遍认可"的中成药质量标准体系，从常规、化学和生物多重角度共同把关中成药内在质量，以进一步保证中成药产品的临床安全性和有效性。

组委会研究决定，2012年在广州举办下一次中成药学术研讨会，由××集团承办。

（注：文中涉及的各部委员名称均为当时的名称，与现今的名称有所不同）

实战演练

1. 结合下面所给的材料撰写一份会议纪要。

"五一"长假在即，为了更好地做好今年的招生工作，某学院为此召开了院长办公会议，招生和就业处处长也应邀出席了会议，会议研究制定了今年的招生方针与政策。会议研究决定：今年招收的对象主要是三年制大专及五年制大专学生，同时也要尽力做好自考生源的宣传工作，努力扩大生源规模；统招生源的招生宣传工作主要集中在本省，外省主要以自考生源为主；对于那些出差到外地去进行招生宣传的教职员工给予一定的差旅费报销和生活补贴；并号召全院教职员工积极加入招生工作中来，为学院的稳定发展奉献自己的力量。

请你根据院长办公会议要求撰写一份会议纪要并下发各分院及部门。

2. 请指出下面会议纪要中的错误，并加以改正。

国家体育总局运动项目管理中心赛风赛纪和反兴奋剂专项治理工作座谈会会议纪要

时间：20××年6月22日
地点：总局办公楼××会议室
主持：××
出席：×××、总局专项治理领导小组办公室成员
列席：有关运动项目管理中心的领导

会议听取了23个运动项目管理中心前一阶段开展赛风赛纪和反兴奋剂专项治理工作情况汇报及近期将采取的方法和措施。×××同志在讲话中对前期专项治理工作进行了总结、分析，对扎实推进下一阶段工作进行了再强调、再部署，××同志就落实专项治理工作各阶段任务提出了明确要求。

会议提出，专项治理工作要坚持标本兼治、纠建并举、注重预防，把集中治理与加强日常监管紧密结合起来。下一阶段专项治理工作进入关键阶段，任务更重，要求更高，各运动项目管理中心必须在4个方面下功夫：一是必须进一步提高思想认识，切实加强组织领导；二是必须加强队伍建设，强化管理；三是必须严格自查自纠，主动抓好整改工作；四是必须严明组织纪律，认真受理信访举报。

会议强调，各单位要在前期进行认真传达贯彻、切实加强组织领导、严格落实责任机制、坚决抓好体育大会赛风赛纪和反兴奋剂工作的基础上，进一步提高对抓好赛风赛纪和反兴奋剂工作极端重要性的认识，扎实推进赛风赛纪和反兴奋剂专项治理各阶段的工作，为备战广州亚运会和伦敦奥运会营造良好环境。

会议要求，下一步专项治理工作要针对"虚假年龄"和兴奋剂等问题采取有力措施，狠下功夫，抓出实效：

一、按照《关于加强各省（区、市）运动会赛风赛纪和反兴奋剂工作的通知》要求，积极建立健全防范体系，全面落实工作责任，着力加强对青少年运动员的教育和引导，特别是针对"虚假年龄"、兴奋剂等问题，进一步加大监管和处罚力度，认真排查隐患，做好应对预案。

二、总局将联合公安部，从7月1日起，分为数据整理、比照核查、确认整改3个阶段，对注册运动员年龄进行一次全面的信息核查工作，各单位要积极落实，认真配合此项工作，保证全面核查顺利进行。

三、加强对反兴奋剂工作的组织领导，充分发挥业务主管和纪检监察等部门的作用，有针对性地制定、完善管理措施并认真落实；对运动员及其辅助人员，尤其是青少年运动员，开展反兴奋剂宣传、教育和培训活动，增强自觉抵制兴奋剂的意识和能力；进一步拓宽信访渠道，大力加强对反兴奋剂工作的监督，认真受理信访举报；增加兴奋剂检查数量，提高检查质量，加大对违规行为的惩处力度。

四、对出现重大赛风赛纪和兴奋剂事件，造成恶劣影响的，坚决进行严肃查处，在全国体育系统通报批评，并按照《关于实行党政领导干部问责的暂行规定》追究领导责任。

20××年7月8日

模块四　公文类应用文

学习目标

【知识目标】

通过学习本章，了解各种通知、通报、请示、报告、函等常用公文类应用文的特点、行文规则。

【能力目标】

在日常工作和生活中，能够规范地撰写各种公文类应用文。

4.1　通　　知

情境导入

小王刚刚大学毕业，被分配到一家机关工作。一天，单位领导要求他写一则会议通知。但由于疏忽大意，小王竟忘记把会议召开的具体时间写上，只写了××××年××月××日。结果与会人员纷纷前来询问，弄得小王面红耳赤。是啊，一天24个小时，你不把几时几分写上，大家什么时候来开会呢？这一事件给了小王一次深刻的教训，他很是后悔当初没有学好应用文写作啊。

作为会务工作人员，小王应当如何完成这项任务？会议通知该如何去撰写呢？还有其他类型的通知吗？

训练指导

一、通知的含义

通知适用于批转下级机关的公文，转发上级机关和不相隶属机关的公文，发布、传达要求下级机关办理和有关单位周知或执行的事项及任免人员。通知是各级党政机关、人民团体、企事业单位在公务活动中最常用的一种公文，使用范围广泛、频率高，与其他指令性的公文相比，灵活简便。

二、通知的种类

通知是下行文中使用最广泛的一种，它也是所有法定公文中使用最广泛的一种。通知的用途较丰富，按照其不同用途和作用可分成三大类，即指示性通知、转文性通知、事务性通知。

（一）指示性通知

上级机关或职能部门对下级机关或职能部门发出工作指令，要求全体下级机关执行时使用。指示性通知所涉及的公务活动多属常规性工作范畴，一般不用于传达对重大事项的决策和安排。

（二）转文性通知

通知作为法定公文的一种，具有可以在行政机关之间合法往来的特性，而在公务活动中，有时会遇到需要将事务文书发送到下级机关的特殊情形，这时，就可以将事务文书作为通知的附件，与通知正文一起发出，从而满足公务活动的特殊需求。

转文性通知根据其具体用途可以分为3种：发布性通知、批转性通知、转发性通知。

发布性通知是指上级机关自身制定有关规章，并将规章作为法定公文的附件发送给下级机关执行时使用的通知类型。

批转性通知是指上级机关对某一下属职能部门就其职权范围内的工作提出的意见和建议加以批准，并将其作为法定公文的附件转发给全体下级机关执行时使用的通知类型。

转发性通知是指下级机关接收到上级机关来文时，将其作为法定公文的附件转发给自己的全体下级机关执行时使用的通知类型。

（三）事务性通知

用于周知一般事务性工作，不具有要求下级机关普遍执行的特性，如任免通知、启用印章通知、调整机构通知、庆祝节日通知、会议通知等。

三、通知的结构和撰写方法

不同种类的通知，其结构和撰写方法也有所不同。

（一）指示性通知的结构和撰写方法

指示性通知的结构一般由标题、主送机关、通知依据、通知事项、结尾、结语、落款等部分组成。

1. 标题

指示性通知的标题属普通法定公文标题形式，即"发文机关＋事由＋文种"。

2. 主送机关

指示性通知的主送机关为其下级单位。

3. 通知依据

通知依据包括两个方面：一是事实依据，即行政管理工作所面临的现状；二是法律行政依据，即相关法律法规的规定、有决定权的行政机关的指令或相关会议的批准。这两个方面的依据在撰写时可根据行文的实际需要做"二选二"或"二选一"的取舍。对事实依据的陈述一般先指出某个方面工作所取得的主要成绩，再转入对现存的主要问题的归纳，并进一步指出其危害性。其中，对现存问题的陈述是通知依据的重点。陈述时应注意高度概括，只需归纳出问题的类型，无须涉及具体时间、地点、当事人、当事单位等事件细节。

法律行政依据的表述应明确具体，需指明具体的法律法规名称、行政机关相关指令的名称、相关会议名称，不宜用"有关法律""有关部门"等语句模糊化处理。

在通知依据的结尾，一般结合通知的发文目的和法律行政依据使用过渡句式，如"为……，根据《×××××》（法律法规）有关规定，经×××××（有决定权的行政部门或会议）批准，×××××（发布机关）决定……，现将有关事项通知如下""为……，现就……有关事项通知如下"等。

4. 通知事项

通知事项是指示性通知的重要组成部分，事项较多时应分条立项加以说明。事项划分时应注意做到从整体看全面完备、无所遗漏，从各条看分工明确、责任清晰，并应具备较强的可操作性，明确具体的执行主体、执行时间、执行地点、执行程序与方式方法等要素。通知事项部分的语气应郑重严肃，经常使用含有"要""不得""应""必须"等词的命令句式。

5. 结尾

在指示性通知的结尾，有时需要统一提示通知事项的执行起止时限、违反执行事项后的处罚办法及监督执行机构。如果在通知事项部分已分项做出交代，则结尾部分可省略。

6. 结语

指示性通知的结尾可用结尾专用语"特此通知"，也可省略。

7. 落款

指示性通知的落款由发文日期和发文机关印章组成。

（二）转文性通知的结构和撰写方法

转文性通知的结构一般由标题、主送机关、转文事实、补充要求、附件、落款等部分组成。

1. 标题

转文性通知的标题属特殊法定公文标题形式，具体的撰写方法如下。

（1）发布性通知标题的形式为"发文机关＋关于＋印发＋被发布文件名＋文种"，如《国务院关于印发〈全国主体功能区规划〉的通知》。

（2）批转性通知与转发性通知的标题写法相同，即"发文机关＋批转（转发）＋被批转文件标题＋文种"，如《国务院批转发展改革委关于2011年深化经济体制改革重点工作意见的通知》《国务院办公厅转发人民银行监察部等部门关于规范商业预付卡管理意见的通知》。

在法定公文的写作实践中，遇到使用转发性通知转发上级机关的通知来文时，一般仍应保留被转发文件的文种，如《××市发展改革委关于转发国家发展改革委关于公布国家基本药物零售指导价格的通知的通知》；也有将上级机关来文的文种"通知"改换为"文件"的特殊处理方式，如《××市人民政府办公厅转发国务院办公厅关于进一步加强安全生产工作文件的通知》。

2. 主送机关

转文性通知的主送机关为其下级单位。

3. 转文事实

这部分一般使用固定句式表述。

（1）发布性通知的固定句式为"现将《××××××××××××》（印发文件名）印发给你们，请认真贯彻执行（遵照执行、参照执行）"。

（2）批转性通知的固定句式为"××××（被批转文件发文机关）《××××××××××》（被批转文件名）已经××××（批准机关）同意，现转发给你们，请认真贯彻执行（遵照执行、参照执行）"，或"××××（批准机关）同意××××（被批转文件发文机关）《××××××××××》（被批转文件名），现转发给你们，请认真贯彻执行（遵照执行、参照执行）"。

（3）转发性通知的固定句式为"现将××××（被转发文件发文机关）《××××××××××》（被转发文件名）转发给你们，请认真贯彻执行（遵照执行、参照执行）"。

4. 补充要求

用于强调印发、批转或转发文件中所涉工作事项的意义，向全体下级提出指导性要求，发出希望和号召等，常用句式有"××××（工作事项）是……，××××

(相关下级单位)要……","×××××(工作事项)对……有重要意义(作用),×××××(发文机关)希望(号召)×××××(相关下级单位)……"等。

补充要求部分不是转文性通知的必要组成部分,可以省略。

5. 附件

附件由顺序号和被转发文件标题组成,是转文性通知的重要组成部分,不能遗漏。

6. 落款

转文性通知的落款由发文日期和发文机关印章组成。

(三)事务性通知的结构和撰写方法

事务性通知的结构一般由标题、主送机关、通知依据、通知事项、结语、落款等部分组成。

1. 标题

事务性通知的标题属普通公文标题,即"发文机关+事由+文种"。

事务性通知的事由部分有时会出现不易概括或与通知正文部分行文完全相同的情况,这时可以省略事由部分。

2. 主送机关

事务性通知的主送机关为其下级单位。

3. 通知依据

一般事务性通知的依据部分较简略,常用的表述形式是以发文目的结合通知的法律行政依据组成句式,如"为……,根据《×××××》(法律法规)有关规定,经×××××(有决定权的行政部门或会议)批准,×××××(发布机关)决定……"。

4. 通知事项

事务性通知的事项多为单一事项,简洁说明事项即可。

5. 结语

事务性通知的结尾可用结尾专用语:"特此通知"。

6. 落款

事务性通知的落款由发文日期和发文机关印章组成。

会议性通知与一般事务性通知有所区别,它兼具周知性和指示性,写法较一般事务性通知复杂。会议性通知的周知性事项可以包括会议目的、会议法律行政依据、会议主办机关、会议名称、会议议题、会议主要议程等要素。在撰写时,这些周知性要素可根据会议自身重要程度的不同做相应的调整。会议性通知的指示性事项应包括会议时间、会议地点、参会人员、携带材料、会议费用等要素,这些指示性要素在撰写时的共同要求是具体、详细。

示例 4.1

例 1

在线学习服务师国家职业技能标准终审会
会议通知

各有关单位、专家：

　　2019 年年底人力资源和社会保障部职业技能鉴定中心召开国家职业技能标准开发启动会，现代职业教育研究院受人力资源和社会保障部职业技能鉴定中心委托承担在线学习服务师国家职业技能标准修订工作。

　　标准（征求意见稿）于 2021 年 9 月 23 日进行公示，听取社会各方面意见与建议，于 10 月 29 日公示结束。根据社会征集意见，我院组织标准编写组专家进行研讨，完成在线学习服务师国家职业技能标准终稿编制工作，为保证标准内容的规范可行，现定于 2021 年 12 月 3 日在北京召开在线学习服务师国家职业技能标准终审会，现将有关事项通知如下：

一、会议时间

2021 年 12 月 3 日（周五）9:30～16:00

二、会议地点

现代职业教育研究院会议室（北京市东城区和平里东街 7 号四层）

三、会议议程

1. 在线学习服务师国家职业技能标准（终稿）说明。

2. 在线学习服务师国家职业技能标准（终稿）终审讨论。

3. 终审总结。

四、交通路线

1. 地铁：2 号线雍和宫站 B 口出步行 1 千米。

2. 自驾：北京市东城区和平里东街 7 号

五、联系人

蔡 ×：1381193×××

夏 ×：1352144×××

现代职业教育研究院（公章）
2021 年 11 月 23 日

例2

关于举办技工院校师资队伍建设工作经验分享活动的通知

各会员单位：

为进一步加强技工院校教师思想政治与师德师风建设，促进技工院校教师专业化发展，深入推进工学一体化技能人才培养模式改革，以高质量教师队伍支撑技工教育高质量发展，根据中国职工教育和职业培训协会（以下简称中国职协）技校委员会2022年工作计划，中国职协技校委员会拟于2022年9月24日举办线上教师队伍建设经验分享交流活动，现就相关事项通知如下。

一、活动主题

培育工匠之师 助力高质量发展

二、活动时间

9月24日（周六）14:00～17:00

三、活动形式

采用线上视频会议形式，使用超星直播平台，具体直播链接另行通知。

四、参会人员

1. 人力资源社会保障部职业能力建设司有关领导

2. 中国职协有关领导和专家

3. 中国职协技校委员会成员

4. 全国技工院校校长（书记）、分管副校长、教务处、教师发展中心、人事处等相关部门负责人

5. 产教合作优秀企业代表

五、活动内容

1. 人力资源社会保障部职业能力建设司领导讲话

2. 主旨演讲

3. 中国职协领导讲话

六、其他事项

1. 请拟参与活动的技工院校和企业于9月22日17:00前扫码填写报名信息（见二维码）。

2. 建议各参会单位设置分会场，分会场参会人员由各单位自行确定。

3. 活动联系人及联系方式

王××：133××××××××

李××：186××××××××

中国职工教育和职业培训协会秘书处
2022年8月19日

例3

教育部办公厅关于成立世界职业技术教育发展大会组织委员会的通知

教职成厅函〔2022〕7号

各省、自治区、直辖市教育厅（教委），新疆生产建设兵团教育局，部内各司局、各直属单位：

经国务院同意，教育部将于2022年6月中下旬在天津市举办世界职业技术教育发展大会。为办好大会，经研究，决定成立世界职业技术教育发展大会组织委员会（以下简称组委会），现将有关事项通知如下。

一、组委会主要职责

负责大会及同期活动的组织领导和统筹协调；审定总体工作方案、实施方案及相关重要事项；研究协调大会筹办工作中的重要问题；协调推动大会筹办及同期活动相关事务；推动落实有关国家、地区和国际组织代表参会事务。

二、组委会组成人员

主　任：怀进鹏　教育部党组书记、部长
　　　　廖国勋　天津市委副书记、市长

副主任：孙　尧　教育部党组成员、副部长
　　　　田学军　教育部党组成员、副部长、中国联合国教科文组织全国委员会主任
　　　　王庭凯　天津市委常委、市委教育工委书记
　　　　李树起　天津市副市长
　　　　鲁　昕　中国职业技术教育学会会长
　　　　刘利民　中国教育国际交流协会会长

委　员：王光彦　教育部办公厅主任
　　　　郭　鹏　教育部财务司司长
　　　　陈子季　教育部职成司司长
　　　　刘　锦　教育部国际司司长
　　　　秦昌威　中国联合国教科文组织全国委员会秘书长
　　　　荆洪阳　天津市委教育工委常务副书记、市教委主任
　　　　王扬南　教育部职业教育发展中心主任
　　　　荆德刚　国家开放大学党委书记、校长

组委会下设办公室，组委会办公室设在教育部职成司。另设综合组、材料组、会务组、外事组、大赛组、展会组、宣传组等7个工作组。

三、组委会组成人员的调整

组委会组成人员需要调整时，由所在单位向组委会办公室提出，报组委会主任批准。

教育部办公厅
2022年3月28日

实战演练

1. 根据以下内容，撰写一份会议通知。

×××大学决定于2020年3月10日上午召开全校会议，传达省教育厅工作会议精神，布置下一阶段的工作，具体时间与地点自拟。

2. 请根据给定材料，撰写一份通知。

××学院学生会决定在"五四"青年节举办全院的"十佳歌手"青年歌咏比赛，现在要召集各班班长、团支部书记开会，商讨歌咏比赛事宜。你是院学生会宣传部成员，受命在今天（4月23日）以学生会名义发一个会议通知，告知各班班长和团支书到学生会办公室开会，开会时间定于4月26日下午4时。

3. 根据下述材料，撰写一份通知。

××市环境脏、乱、差现象较为突出，为解决这一问题，市"爱卫会"决定向有关单位下发通知。

4. 病文纠错。

××职业技术学院文件

××学院字〔2020〕5号

关于召开2020年科研座谈会的通知

院各科研项目负责人及相关人员：

为深入贯彻落实国家创新战略，充分发挥科研工作的引领创新能力，有效推进我院科研工作的进行，提高我院科研创新能力，促进我院创新人才培养质量的提升。学院决定召开2016年科研座谈会，请你们提前做好准备。

会议会采取主持人汇报和互动交流相结合的形式进行，会议内容有科研进展汇报、科研过程中的难点及问题、科研工作经验交流和自由发言四项，会议时间暂定在2016年4月6日召开。

特此通知。

××职业技术学院

2020年4月5日

4.2 通　　报

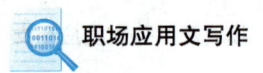 情境导入

2014年12月31日23时35分许，上海市黄浦区外滩陈毅广场发生群众拥挤踩踏事故，致36人死亡，49人受伤。事故联合调查于2015年1月21日对"12·31"外滩拥挤踩踏事件责任人员的处理决定进行了通报。

通报适用于哪些范围？通报该如何去撰写呢？通报都有哪些种类呢？

 训练指导

一、通报的含义

通报是适用于表彰先进、批评错误、传达重要精神和告知重要情况的公文。各级党政机关、企事业单位、社会团体均可使用。通报具有指导性和告知性，主要起倡导、警戒、沟通、传达等作用。

二、通报的种类

根据通报的具体用途，可将通报分为以下两类。

（一）奖惩通报

奖惩通报分为两种，即表彰通报和批评通报。
表彰通报和批评通报所涉及的事件通常是突发性的单一事件，并在一定的时间或区域范围内具有典型意义，上级机关对事件中的当事人或当事单位进行表彰或批评，意在引起广泛的注意，进而促使相关下级单位学习借鉴、自我警示。

（二）情况通报

情况通报也分两种，即例行情况通报和非例行情况通报。

例行情况通报所通报的对象是政府管理部门的日常工作。根据政府信息公开的要求，政府管理部门将自身所完成的管理工作情况和相关管理对象的情况向全社会公开，既便于政府各部门之间的情况沟通，也便于社会公众了解相关情况并结合自身实际情况加以应对。此时，通报作为公开发布性公文使用。非例行情况通报所通报的对象是政府管理部门在日常工作中遇到的严重问题，这些问题通常集中在某个时间段成规模爆发，使得政府管理部门必须提醒相关下级单位采取措施加以解决。

三、通报的结构和撰写方法

不同类型的通报，其结构和撰写方法也有所不同。

（一）奖惩通报的结构和撰写方法

奖惩通报的结构一般由标题、主送机关、奖惩事实依据、奖惩办法、补充要求、落款等部分组成。

1. 标题

奖惩通报的标题属普通法定公文标题形式，即"发文机关＋事由＋文种"。

在撰写奖惩通报标题时应注意事由部分表述时的倾向性，即能使读者"见题喻义"，明确通报的性质与作用。常用的表达句式："关于表彰×××××（被表彰单位或个人）的通告""关于给予×××××（被表彰单位或个人）表彰的通报""关于……问题的通报""关于……问题处理情况的通报"。

2. 主送机关

奖惩通报的主送机关为其下级单位。

3. 奖惩事实依据

在表彰性通报中，奖惩事实依据指受表彰人物或单位的先进事迹；在批评性通报中，奖惩事实依据指受处分当事人或当事单位的错误事实。

对奖惩事实的叙述应采用概述的方式进行，写清时间、地点、人物、事件的基本过程，取得的成果或造成的损失，避免过于详尽的细节描绘。

4. 奖惩办法

一般先写出奖惩目的，再写明奖惩的发布者和具体奖惩办法，文字要求简洁。常用表述句式有"为……，×××××（发文机关）决定给予×××××（奖惩对象）通报表彰（批评）""经研究，现决定对×××××（奖惩对象）给予……（具体行政处理措施）并提出通报表彰（批评）"。

5. 补充要求

这部分应着重申明奖惩事实的典型意义以提请注意，并向全体下级单位发出希望和号召，晓谕下级单位学习先进、吸取教训，常用句式为含"望""希望"等动词的祈使句。

6. 落款

奖惩通报落款由发文日期和发文机关印章组成。

（二）情况通报的结构和撰写方法

我们先来介绍情况通报中例行情况通报的结构和撰写方法。例行通报的结构一般由标题、编号、通报情况、问题分析、应对措施等部分组成。

1. 标题

例行通报的标题属普通法定公文标题形式，即"发文机关＋事由＋文种"。

2. 编号

例行通报一般不使用标准发文字号，而是在标题下方圆括号内标明所通报情况的期限，如《国家电力监管委员会12398投诉举报受理情况通报（二〇一一年一至三月）》；或者在相关行政管理事项的具体期限内顺序编号，如《2011年春节黄金周假日旅游信息通报（第7号）》，也可以直接表示发文日期。

例行通报属于公开发布性公文，既可在政府管理部门之间流通，也可面向全社会发布，故无须标示特定的主送机关。

3. 通报情况

这部分应综述某一时段内政府管理部门所完成的某项管理工作情况和相关管理对象的情况，要求高度概括，多运用政府管理部门所掌握的汇总性的统计数字加以说明，情况复杂时可分条立项。

4. 问题分析

这部分应总结出通报时段内政府管理工作中存在的突出矛盾和问题，即需要改进的各个方面，并对造成这些问题的主客观原因做简要分析，要求问题总结切合实际，原因分析客观中允，问题较多时可分条立项。

5. 应对措施

这部分应就上一部分提出的问题给出指导性的解决措施，即一般只明确努力方向，不做具体规定，所给措施也不具有行政约束力。应对措施较多时可分条立项。例行情况通报一般不具落款。

在实际操作中，例行情况通报的结构组成比较灵活，其正文的3个主要组成部分中，只有通报情况部分是必备要件，其他两个组成部分可视行文主要目的自由取舍。如

《××省政府关于2010年50项重点工作完成情况的通报》一文全文长达1.6万字,但只列举了大量数据,逐一通报了50项重点工作的完成情况;又如《国家电力监管委员会12398投诉举报受理情况通报(二〇一一年一至三月)》一文,先汇总了有关投诉的总体情况、地区和类别情况,然后总结了由投诉举报反映出的电力工作中存在的主要问题,最后还分析了投诉举报的特点,但并未提出应对措施;再如《××省关于今年以来用电及工业经济运行情况通报》一文既概括了省内用电及工业经济运行总体情况,又分析了存在的主要问题,还提出了当前重点抓好的几项工作,属于3个组成部分齐全的结构。

接下来,我们再来介绍情况通报中非例行情况通报的结构和撰写方法。非例行情况通报的结构一般由标题、主送机关、通报事项、应对措施、落款等部分组成。

1. 标题

非例行情况通报的标题属普通法定公文标题形式,即"发文机关+事由+文种"。

2. 主送机关

非例行情况通报的主送机关为其下级单位。

3. 通报事项

非例行情况通报的通报事项有其特殊性,它经常表现为具有严重危害性的一系列事件,反映出下级政府管理部门在最近时间段的行政管理中存在着某个方面的缺失,使得上级部门有必要提醒下级部门改进工作,避免重复错误。

通报事项部分应先提示近期发生了某种系列性的危害性事件,再对危害事件进行逐一列举。常用开端句式有"近期以来,×××××(发生危害事件的地区或行业)发生了×起×××××(事故类型)事故,现将有关情况通报如下"。

列举危害事件时,应叙述清楚每个事件的时间、地点、当事人或单位、基本过程,以及所造成的危害性后果。叙述方式应为概述,避免对细节的详尽描绘。

4. 应对措施

在通报事项和应对措施之间,一般使用过渡段落,提示下级政府管理部门注意防范危害事件的发生,常用句式有"目前,……,×××××(下级政府管理部门)要……切实从以上事故中吸取教训,做好以下工作""为有效防范类似事故的发生,特提出以下要求"等。

非例行情况通报的应对措施不同于例行情况通报,应具有具体性与可操作性,并且具备行政约束力。应对措施部分一般采用分条立项的写法,各条需明确说明具体的执行者和执行事项,责任分工清晰。

5. 落款

非例行情况通报的落款由发文日期和发文机关印章组成。

示例 4.2

例1 表彰通报

关于表彰公司 2019 年度优秀员工的通报

公司各部门、各分（子）公司：

2019年，在公司党委的正确领导下，在全体员工的共同努力下，公司在科研、生产、营销、服务等领域取得了喜人的成绩，刷新了公司销售的历史纪录。

在公司取得良好业绩的同时，涌现出了许多务实苦干、爱岗敬业、具有公信度、能起表率作用，具有正能量的优秀员工。

为了树立榜样，表扬先进，弘扬企业文化，增强企业凝聚力，按照公司《员工手册》中的"员工奖惩"有关规定，公司各部门、各分（子）公司从德（职业道德）、能（专业能力）、勤（工作态度）、绩（工作业绩）及团队精神等方面进行了优秀员工的评选。

通过评选，并经过公司总裁办公会研究决定，授予陈××等10名员工为"2021年度优秀员工"光荣称号，并予以表彰。

希望全体员工向他们学习，在公司形成人人争当先进、人人争做贡献的良好氛围，为公司的发展贡献自己的力量。

特此通报！

附件：表彰人员名单（略）

北京××××有限公司
2019年12月30日

例2 批评通报

共青团中央办公厅关于未规范使用团旗、团徽的地方团委的通报

共青团各省、自治区、直辖市委，中央军委政治工作部组织局群团处，全国铁道团委，全国民航团委，中央和国家机关团工委，中央金融团工委，中央企业团工委，新疆生产建设兵团团委：

团旗、团徽是中国共产主义青年团（简称共青团）的象征和标志，规范使用共青团的标志是对各级团组织的基本要求。2021年，团中央联合国家市场监督管理总局、国家标准化管理委员会发布了团旗、团徽国家标准。自2021年10月以来，团中央基层建设部先后4次针对省、市、县团的领导机关使用团旗、团徽情况进行专项抽查，对存在问题的团组织提出了整改要求。截至2022年8月，仍有以下13个地方团委经去年年底提醒以来未对其网络平台不规范使用团旗、团徽问题进行整改，现予以通报批评。

（略）

各级团组织要共同维护共青团标识的规范性、统一性、严肃性。共青团的领导机关应当带头学习宣传贯彻和执行团旗、团徽国家标准,提高认识、举一反三,认真组织排查和日常监督,督促指导下级团组织及时整改发现的问题,把从严治团的要求落在具体事情和日常工作上。

共青团中央办公厅
2022 年 9 月 13 日

例3 例行情况通报

××省关于今年以来用电及工业经济运行情况通报
（2018 年 3 月 18 日）

今年以来,尽管受到凝冻灾害的影响,××省内用电仍然保持了较高水平,工业经济运行总体稳定,但部分地区出现用电下降、生产不理想的情况。按省政府主要领导的指示,现将有关情况通报如下。

一、省内用电及工业经济运行总体情况

1月1日至3月10日,××电网完成省内供电量139.06亿千瓦时,日均2.02亿千瓦时,同比增长10.92%。从分供电局来看,××供电局、××供电局、××供电局供电量增幅较高,分别增长20.27%、15.7%和15.04%;××供电局和××供电局不升反降,分别下降2.78%和0.41%。工业用电较快增长,重点监控的10个行业用电量64.33亿千瓦时,同比增长7.22%。其中,铁合金增长56.07%、工业硅增长54.48%、电石增长53.01%、钢铁增长32.26%、水泥增长19.38%、磨料增长15.58%,增长势头明显。因××双牌铝业、××阳光铝业淘汰关停,××铝业因节能减排减产后还未完全恢复等因素,电解铝行业用电量下降12.66%。因凝冻期间生产受影响,电解锰和化工行业用电量分别下降2.17%和2.27%,但3月以后已经恢复正增长。省内用电的增长反映出工业经济保持较好的发展势头。1~2月,全省规模以上工业完成总产值达661.86亿元,实现增加值同比增长15.2%。其中:××州、××州、××市增幅较高,分别增长43%、40.2%和20.9%;××市、××地区稳定增长,增幅达到18.7%和17.9%;××地区、××市、××州、××市增长不理想,分别只增长6.2%、8%、9.2%和9.7%。

二、存在的主要问题

虽然工业经济保持了较快增长,但离目标进度仍有一定差距,经济运行中仍存在一些困难和问题。

一是电煤供应形势比较严峻。受凝冻灾害、春节放假、省内外煤价差等多重因素叠加影响,电煤供应一直处于进小于耗的状态,电煤库存从去年年底的458万吨下滑到目前的200万吨,15家电厂中有11家电厂存煤低于10天用量,丰水期来临前的电网运行支撑形势严峻。电煤供应不理想,既影响电力行业的产出进而影响全省工业增长,也制约其他行业的用电保障和外送电计划的完成。1月1日至3月10日,贵州电网发电量201.14亿千瓦时，同比下降 4.51%；外送电量 37.17 亿千瓦时，同比下降 31.59%。××地区、××市等以能源工业为主要支撑的地区工业增长不理想，主要原因也是电煤供应不足、电力行业生产水平不高。

二是新投产的工业项目不多，尚未形成对工业增长的明显支撑。全省关闭 515 对保留一套生产系统和不具备安全生产条件的小煤矿后，新建和技改煤矿还没有完全弥补产能缺口，煤炭产量与最高时的水平相差较大。部分地区在淘汰关闭落后产能后，没有新的生产能力投产，也是工业增长还没有达到目标要求的重要原因。

三、当前应重点抓好的工作

全省工交系统必须进一步加大工作力度，抓好煤电油运要素保障，抓好经济运行调度，真正做到"以旬保月、以月保季、以季保年、不留欠账"，确保一季度"开门红"，实现"十二五"良好开局。当前，重点抓好以下工作。

一是切实抓好电煤供应。以煤保电、以电促生产，用充足的煤电要素保障工业增长的高速度。要认真落实省内电煤供应保障责任，严格按照省政府下达的 2018 年省内电煤供应任务，层层分解，落实到矿，认真签订电煤购销合同，并严格执行合同，维护合同效力，确保按进度足额供应省内电煤。重点煤炭企业要发挥电煤供应主力军作用，增加电煤供应量，为全省经济发展多做贡献。要加大煤炭价格调节基金征收力度和采取"煤运挂钩"等措施，运用经济和运力杠杆，促进省内电煤供应。

二是抓好生产组织和调度。各地、各部门要深入企业，帮助协调解决有关问题，促进企业实现满负荷生产，在安全生产的前提下，重点抓好煤矿、电厂、电解铝等行业的生产组织。特别是目前工业增长速度较慢的××地区、××市、××市、××州要进一步加大工作力度，尽快扭转被动局面。生产进度完成好的地区要再接再厉，多做贡献。

三是下大力气抓好工业项目建设，增强工业经济发展后劲。对在建项目，特别是对去年四季度以后集中开工的一大批工业项目，加大跟踪协调服务，加快建设进度，促进其尽快投产、达产。

例 4　非例行情况通报

教育部关于人民教育出版社小学数学教材插图问题的调查处理通报

2022 年 5 月，人民教育出版社（简称人教社）第十一套小学数学教材插图问题受到社会广泛关注。教育部党组高度重视，成立由党组主要负责同志任组长、2 位党组成员任副组长的调查处置工作组，通过约谈相关人员，调阅原始资料，听取数学、思政、美术等方面专家意见，征求一线数学和美术教师意见等方式，进行了认真调查核实。现将有关情况通报如下：

经查，教材插图主要存在三方面问题。一是不美观向上，与立德树人根本要求存在差距。整体画风不符合大众审美习惯，部分插图人物形象比较丑陋，精神风貌不佳，没有恰当体现出我国少年儿童阳光向上的形象。二是不严肃规范，个别插图甚至存在错误。插图数量过多，部分插图制作专业水准不高，个别插图存在科学性、规范性问题。三是不细致准确，部分插图容易引人误读。部分插图绘制粗糙，一些线条绘制和元素选择不当，图片比例不协调。同时也发现网上传播的一些问题插图并非人教社小学数学教材插图，有关部门已将其列入全面排查整改。

经查，人教社作为教材编制单位，落实中央有关决策部署不全面、不彻底，对教材插图的育人功能认识不到位，插图作者遴选制度不健全不规范，教材三审三校制度落实不严格，内部纠错制度不完善，对读者意见不重视，对插图存在的问题未认真排查、及时整改。教育部教材局在组织专家开展教材审查时，指导不足、监督不够，对教材问题排查整改工作督促不到位。

经查，没有发现人教社相关人员与插图作者吴勇、教材整体设计艺术总顾问吕敬人之间存在经济利益输送问题。

依据《中国共产党问责条例》《中国共产党纪律处分条例》《中华人民共和国公职人员政务处分法》等有关规定，对有关单位及27名失职失责人员进行严肃追责问责，具体如下：

责令人民教育出版社党委整改，并予以通报批评；给予人民教育出版社党委书记、社长黄某党内严重警告、记大过处分；给予总编辑、时任党委书记郭某党内严重警告、记大过处分，免职处理；给予分管负责人党内严重警告、记大过处分，免职处理；给予小学数学编辑室主要负责人党内严重警告、记过处分，免职处理；给予其他17人相应纪律处分和组织处理。责令教育部教材局整改，并予以通报批评；给予局长田某党内警告、记过处分；给予分管负责人等5名相关人员相应纪律处分和组织处理。

对插图作者、设计人员作出相应处理，不再聘请吴某、封面设计吕某、吕某某及其工作室从事国家教材设计、插图绘制等相关工作。

衷心感谢社会各界对教材工作的关心、批评与监督。教育部将坚持和加强党对教材工作的全面领导，不断健全完善并严格执行教材编制、审查、使用、维护、监管各环节相关制度，确保教材建设始终坚持正确政治方向和价值取向，切实打造培根铸魂、启智增慧、适应时代要求的精品教材。

教育部

2022年8月22日

 实战演练

1. 结合材料撰写一篇表彰通报。

2018年春运高峰期，××市遭受了50年一遇的暴雪袭击。各县区政府和全市交通系统坚决贯彻市委、市政府清雪保畅的统一部署，及时启动应急预案，把保证交通通畅作为首要任务。交通系统广大干部职工顽强拼搏，完成了公路通畅和春节运输任务，确保了公路运输畅通和道路交通安全。

以××市人民政府名义，向各县区人民政府和市政府有关工作部门发文，对在抗击雪灾保证公路运输畅通工作中做出突出贡献的先进单位和先进个人给予通报表彰。

2．以学校的名义，针对发生在同学中间的好人好事，撰写一篇表彰通报。

3．病文纠错。

关于××司机、××乘务员乱收费行为的通报

昨天中午，东方乐园前开来了一辆编号为××的空调大客车。乘客上车后，乘务员宣布每位票款2元。乘客说："平常只收1元，为何……？"乘务员说："不坐可以下车！"于是十几位乘客下了车。其他乘客见天阴快要下雨，只好忍气吞声买了票。奇怪的是，乘务员一律只收款不给车票。车到市内，一些乘客没要车票，便接连下车走了，有些乘客则非要车票不可，乘务员才每人给了一张1元的车票。票上印着"××市××客车有限公司机动车票"字样。

××市××客车有限公司今天做出决定：对敲竹杠的司机、乘务员罚款200元，停职检查1周，并在全公司通报批评。

市××客车有限公司
2018年5月6日

4.3 请　　示

 情境导入

2006年1月17日，江苏省文化厅向文化部递交了一份请示，请示文号是"苏文发（外）〔2006〕8号"。请示的主要内容：由江苏五环广告传播公司和南京大唐亚太国际演出交流有限公司与歌手孙××协商达成协议，拟邀请其本人于2006年4月28日前来江苏南京奥体中心体育场举办个人演唱会。有关演出费用等开支，均由江苏五环广告传播公司和南京大唐亚太国际演出交流有限公司承担。经研究，江苏省文化厅拟同意邀请歌手孙××届时来南京奥体中心体育场举办个人演唱会。现在按照规定上报文化部审批。请示的附件包括演出确认函、演员护照和有关演出资料。

请根据以上信息，按照请示的格式，撰写一份请示。

 训练指导

一、请示的含义

请示是下级机关向上级机关请求对某项工作、问题做出的指示，对某项政策界限给予明确，对某事予以审核批准时使用的一种请求性公文，是应用文写作实践中的一种常用文种。

请示的使用频率较高，适用范围较广。凡涉及有关方针政策界限、工作中的重大问题、需要上级机关予以审核批准的事项（如财政支出、资产购置、人员定编、机构设置）等诸多方面的内容时，均应以"请示"行文。各机关都有自己的职权范围，对属于超出职权范围的事项，即应向上级机关行文请示，获准后方可执行和办理。

二、请示的种类

从不同的角度，依据不同的标准，可以将其分成不同的种类。为方便起见，从请示的内容、性质和功用的角度，可将其分为两大类。

（一）批准性请示

此类请示通常是下级机关就某项工作或某一问题直接向上级机关请求指示和批准的请示。

（二）批转性请示

此类请示通常是下级机关就某一方面的工作出台办法或措施以后，因职权范围所限，无权要求有关单位和人员予以贯彻落实，遂向上级机关请示，要求批转给有关单位办理的请示。这类请示被批转后，实质上已成为上级机关的意见。

三、请示的特点

请示与报告有反映情况、提出建议的共同性。但两者比较，请示存在如下特点。

（一）预先性

从行文的时间上来看，请示必须在事前行文，不允许"先斩后奏"；报告则在事前、事中、事后行文均可。

（二）期复性

从行文的目的来看，请示写作是带有迫切性的并需上级机关批示、批准的事项，要求上级机关批复方能继续工作；报告只着眼于汇报工作、反映情况，以达到下情上达的目的，一般不要求批复。只有呈转性报告才要求上级机关"批转"有关部门执行。

（三）单一性

请示一般应一文一事，即内容要单一，不可将多项内容放在同一个文中请示。

（四）定向性

请示是一种上行文，只在向上行文时使用，是请而示之。而且应按隶属关系逐级请示，一般情况不得越级请示，如确需越级请示，应同时抄报直接主管部门。对不是上级领导机关的业务主管机关或其他不相隶属单位，一般不使用请示文种。

四、请示的作用

请示的作用是向上级机关请求指导、批准,并要求上级机关批复。

五、请示的结构和撰写方法

请示一般由标题、主送机关、正文和附注组成。

(一)标题

(1)请示的标题由"发文机关名称+事由+文种"组成,如《××学校关于申报建立实训基地的请示》。

(2)请示的标题由"事由+文种"组成,如《关于成立审计部的请示》。

请示的标题不能使用单一元素,也不能使用"发文机关+文种"形式,在表述主要内容时,一般只需使用一个动词,不再使用"申请""请求"此类词语,以免语意重复。

(二)主送机关

请示的主送机关只可写一个,即负责受理请示的机关,如需同时送达其他上级机关,可用"抄报"的形式注明。

(三)正文

正文部分是请示的核心内容,一般包括请示缘由、请示事项和要求3个部分。

1. 请示缘由

这是请示事项的基础,也是请示写作的关键环节,它直接关系到请示目的能否得以顺利实现。要用简明扼要的语言将请示的原因和背景情况或请示问题的依据、出发点及思想基础交代清楚。在写法上,一般采取叙事和说理相结合的表达方式,叙事要精练,说理要透辟。这部分在拟写时确保理由充分、言简意赅、清楚明白,这样才能提高请示的成功率。

2. 请示事项

这是请示的核心内容。要将请求上级机关给予指示、批准或批转的具体问题与事项和盘托出,请求上级机关做出答复。要写好请示事项,关键在于两点:其一是明确,即要直截了当。是请求上级机关对某项工作做出指示,还是对处理某一问题做出批准,还是请求批拨资金或物资,等等,必须明确无误地予以表述,令人一目了然。其二是具体,即对于

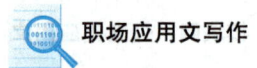

请示事项的表述，一定要细致。请求批拨资金，则应写明总计需用资金数额多少，已筹集几何，尚需领导解决多少，切忌运用一些诸如"大概""左右""或许"等模糊词语表述；请求批拨物资，则应将物资的品名、规格、数量等项目要素交代清楚。视具体情况，也可提出本单位对解决问题的观点、看法和方案，供领导参考，但应表明本单位的倾向性意见。

3. 要求

要求是向上级机关提出肯定性要求，请示的结尾一般有较为固定的结语，以示对上级机关的尊重。惯用语有"妥否，请批复""特此请示""请批准""请审批"等。要特别注意请示的结语中绝不能出现"报告"字样，以免造成混乱，甚至延时误事，给工作带来不应有的麻烦。

（四）附注

附注应在成文日期下一行居左空两个字，加圆括号注明发文机关联系人的姓名和联系电话。

六、请示的注意事项

请示的注意事项有以下几点。

（一）一文一事

请示要严格贯彻"一文一事"原则，不得在报告和非请示性公文中夹带请示事项。如请求解决的问题较多，可多分几次撰写。

（二）一个主送机关

请示的主送机关只能是一个，不能多头请示。多头请示容易使主办与协办单位之间相互推诿，延误批复时间或由于批复意见不一致，使下级机关难以适从。受双重领导的单位，在请示问题时，应当本着谁有权力批准这一问题就请示谁的原则，可将另一上级机关列为抄送，以便对方了解情况。

（三）逐级请示

请示应逐级请示，不得越级上报。一般应按隶属关系逐级行文。如遇事情紧急、情况重大，不越级会贻误工作，造成重大损失，或已报上级机关但未得到批复、事情难以继续处理时，才可特殊处理，在越级行文时必须抄送上级机关。

（四）语气温和谦恭

请示的语气宜采用"请""拟""建议"等词语，不可生硬武断。

（五）控制篇幅

请示的篇幅一般不宜过长，如果需要反映某些详情和数据，则可列入附件。

示例 4.3

例 1

关于××学院 2021 年秋季学期阅卷登分工作的请示

院领导：

根据学院考试管理的相关规定，期末考试阅卷及登分工作应统一由学院组织实施，纸质试卷需在考试结束后一周内完成。鉴于学院成人招生规模较大，加之学习中心分散在全国各地，押运时间紧、风险大，特提出以下阅卷登分工作方案：

1. 在办学经验三年以上、办学规范、在籍生千人以上、师资力量满足要求的学习中心，设置阅卷登分点。由学院统一制订阅卷登分工作方案，统一阅卷登分工作步骤与要求，统一委派阅卷登分督查人员和阅卷组长，统一阅卷结果抽查，统一进行试卷存档及复查。

2. 未设立阅卷登分点的其他学习中心，可参照就近原则，将试卷送到相关阅卷登分点评阅。学院负责统筹阅卷登分工作，并对各阅卷登分点进行阅卷登分工作培训，阅卷登分期间派专人担任阅卷组长进行现场指导和监督。

3. 各阅卷登分点产生的阅卷登分费用，统一按照《××学院酬金项目及发放标准规定》（××学院〔2017〕7 号）标准执行。

妥否，请批示。

××学院
2021 年 12 月 27 日

例 2

公司领导：

根据公司制订的《2020 年宣传报道计划》，结合各部门全年新闻宣传稿件采用情况，经认真统计、筛选、评比，为鼓励先进，树立典型，根据投稿的数量、稿件的完成质量、投稿发表媒体的级别，共评选出×××等 10 名员工为 2020 年度新闻宣传工作先进个人，其中：一等奖 3 人，二等奖 3 人，三等奖 4 人。为充分发挥先进典型的引导带动作用，拟对新闻宣传工作先进个人予以一等奖每人 1000 元、二等奖每人 800 元、三等奖每人 500 元的奖励，共需经费人民币柒仟肆佰元整（￥7400 元）。

特此请示，请予批复。

××公司品牌管理部
2021 年 1 月 15 日

评析："拟"用得好，公司"拟"用这笔资金给职工晋升工资和发奖金，先行请示，这是请示的关键一环，执行得好。注意政策的请示，政策问题是一个原则性问题，凡把握不准时，都应及时请示，以便更好地开展工作。

实战演练

根据给定材料，请你撰写一篇请示。

××职业学院经过几年的发展，已升格为××职业技术大学，在校学生人数已超过 16 000 人。但是学校一些必要的教学设施一时不能适应其发展规模的需要，特别是缺乏一座独立的图书馆，这既影响了学生的学习，也制约了学校的发展。为解决这一问题，学校决定建造一座独立的图书馆。为此，学校拟向省计委计财处撰写一篇请示，请求拨款人民币柒仟伍佰万元整（￥7500 万元）修建一座 4000 平方米的图书馆，并抄送省教育厅和省财政厅计财处。

4.4 报　　告

情境导入

小王毕业分配到某机关工作已经两个多月了，渐渐适应了这里的一切。一天，办公室新来了一位同事，需要增添办公桌椅，领导让他分别写一份工作人员调整的报告和一份增添办公桌椅的请示。小王心想，请示和报告差不多，何必要分开来写呢？于是，他自作主张，把两份公文结合起来，写了一份"请示报告"。没想到送给领导审阅时，却被当场退回，让他重写。

你知道这是为什么吗？

报告适用于哪些范围？报告都有哪些种类？报告该如何去撰写呢？

训练指导

一、报告的含义

报告是向上级机关汇报工作、反映情况、回复上级机关的询问时所使用的公文。报告属于上行文。

二、报告的特点

报告具有以下几个特点。

（一）陈述性

报告是各级各类机关广泛采用的陈述性公文。报告在行文的表达方式上以陈述为主，反映情况，陈述立场，表达观点，提出建议。

（二）事后性

报告行文的时间多以事后行文为主。反映情况多是事中或事后行文，其中事中行文多半是阶段性地反映某项工作的进展情况，或常规工作做例行报告。汇报工作，多为事后行文，主要是概括事件全貌，总结取得的成绩经验，提出意见或建议等。答复询问，事中或事后行文较多。

（三）实践性

报告不为务虚，多为务实。报告的事项多为工作实践中具体真实的事项，通过陈述事实，概述取得的成绩，总结经验教训，表达观点和建议。

三、报告的作用

报告是上下级机关之间互相沟通的重要纽带，它汇报情况、陈述情况，使上级机关能及时了解下情，以做决策参考，具体指导有关工作，帮助下级机关正确贯彻执行国家的方针政策，减少错误，做好工作。

四、报告的种类

报告按照性质和用途的不同，可分为以下几种类型。

（一）工作报告

主要是在工作进行到一定阶段，向上级反映工作进程、工作问题、总结经验教训等。此类报告又分为以下两类。

（1）一是综合报告。这类报告是反映一个单位一定时期内全面的工作情况。

（2）二是专题报告。这类报告是就某件事情或某项工作所做的报告。

工作报告要把前一阶段某项工作的基本情况、取得的成绩、存在的问题、经验教训等阐述清楚，并做出恰当的分析和判断，对下一阶段工作提出具体意见，如《××学院关于报送2019年工作总结的报告》。

（二）情况报告

用于反映本机关、本地区发生的重大事件，带有倾向性的新问题、新现象、新动向等，如《××学院关于"六五"普法工作开展情况的报告》。情况报告涉及的内容主要包括两个方面。

（1）一是工作反省方面，对工作中出现的重大事故或失误，进行认真检查并总结经验教训。

（2）二是公务活动中出现的新情况、新问题写成的书面报告，提供给上级机关了解掌握情况。

（三）呈转报告

下级机关向上级机关提出自己的工作安排、设想和建议，期望得到上级机关的认可和采纳，转有关单位的报告，如《关于呈转〈××学院五号实训楼可行性报告〉的报告》。

呈转报告一般是由某项业务的主管机关或部门拟制，报告中提出的解决有关业务问题、处理工作的方法、措施等，需有关部门合作或支持，但在职权范围内又无权向相关部门部署工作。因此，用呈转的方式向上级机关做出报告，提出解决问题、推进工作的建议，上级批准后可转发到有关单位贯彻实施。结语一般采用"以上报告如无不妥，请批转有关单位执行"等惯用语。

（四）答复报告

用于答复上级机关有关事项的报告，这种报告简单、明了，其内容主要写明答复的依据及答复事项即可，如《××学院关于"小金库"清查结果的报告》。

（五）报送报告

主要用于上级机关说明报送文件、材料或物品的情况，这种报告的正文内容比较简单，所报送的文件都是报告的附件，如《关于上报〈廉政风险防控管理工作实施方案〉的报告》。

五、报告的结构和撰写方法

报告一般由标题、主送机关、正文三部分组成。

（一）标题

（1）报告的标题由"发文机关名称+事由+文种"组成，如《国务院关于城镇化建设工作情况的报告》。

（2）报告的标题由"事由+文种"组成，如《关于领导班子民主生活会开展情况的报告》。报告内容紧急，可在标题中"报告"二字前加"紧急"字样。要特别注意的是，报告无单一元素标题，不能只写文种。

（二）主送机关

报告的主送机关只有一个，如需呈送其他上级机关，可采用抄送的形式。

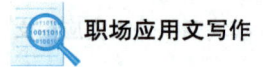

（三）正文

正文一般由缘由、主体、结语组成。

1. 缘由

以简要概括的语言写明报告的目的、根据或原因，一般是直陈其事，常用"现将有关事项报告如下"与报告事项进行衔接。

2. 主体

主体是报告具体情况、存在的问题和今后的打算。内容较多的报告，可分条列项，或按部分安排主体的结构层次。关于主体的具体写法，不同类型的报告，有简有繁，不尽相同。

3. 结语

在陈述完报告事项后，简要说明今后的打算或提出工作意见，或使用惯用语"特此报告""专此报告""请审阅"等结束全文。报告不具期复性，所以结束语不可写"以上报告，请指示（批示）"等语句。

六、报告的注意事项

报告具有以下几个注意事项。
（1）材料要真实，数据要可靠。
（2）观点要明确，分析要中肯。
（3）篇幅要简短，语言要精练。
（4）文种要鲜明，内容要新鲜。

 示例 4.4

例 1

关于预防传染病工作情况的报告

××市卫生局：

为了贯彻落实市政府关于预防传染病会议精神，我中心自 2018 年 7 月 15 日至 2018 年 7 月 20 日止，共出动人员 421 人次、车辆 84 台次，到各街道、乡镇开展工作。现将有关情况报告如下。

  1. 认识到位，传达迅速，层层落实责任。……
  2. 全面动员，积极行动，防控工作富有成效。……

3. 主动宣传,营造氛围,凸显城管部门执法地位。……

××市疾控中心(公章)

2018年7月25日

评析:这是一则情况报告。报告标题采取"事由(关于预防传染病工作情况)+文种(报告)"组成;抬头明确了主送机关为××市卫生局;报告以"现将有关情况报告如下"惯用语进行过渡;报告主体采用分条列项式进行表述,条理清晰,内容明确,以便将相关情况提供给上级机关了解掌握;报告落款与其他公文一致。

例2

城关学区远程教育与课改工作研究报告

城关学区自2015年秋季试行新课程改革以来,已有3年的时间。3年以来,各实验学校实验教师积极探索新课程教育教学方法,已能胜任新课程教育教学,能够得心应手地进行课堂教学,并在注重教学质量提高上狠下功夫。

但新课程教学中依然存在一些技术、资源不够充分,教学手段单一,人工制作课件、教具费时费力等问题,造成教师们工作量过大,影响教学质量。

自去年秋季学期开始,教育局为城关学区11所小学配备了国家远程教育工程试点项目模式二设备,对城关学区各校的课改工作提供了技术装备和教学资源的保证,为课改实施注入了新的活力,学区课改工作由此上升到了一个新的台阶。

从本学期开始,我们城关学区各校模式二设备已全部调试成功,能顺利下载卫星播放的教学资源,并对教学资源进行了分类整理,对配发的光盘资源进行充分利用,教学资源得到了充分的运用。

我们城关学区在远程教学资源应用及信息化建设方面的工作思路为:加强横向沟通,发挥学校优势,走适合学校发展的信息化教研之路,努力提升学区教育教学质量。我们的主要做法如下。

1. 加强技术培训,保证设备正常使用

一方面,学区从去年12月开始,就配合市、区电教馆,对各校国家远程教育试点项目技术员进行了培训,这次我们所选拔的技术员,都是各校有信息技术操作使用基础的,对电脑及电教手段使用感兴趣的年轻教师,做到了项目实施的人员保证。学区还于2018年1月、3月和4月多次组织这些教师在一起研究模式二设备的安装和调试技术,研究教学资源的下载及分类、整理技术,对一些技术不太过关的教师,我们集体到本人所在学校进行现场办公等形式的帮带活动。通过互相学习、交流,大家互相借鉴,各抒己见,很快掌握了一些基本的技术技巧,保证了学区各校设备的正常运行。

另一方面,各校有针对性地对教师们进行了远程教育试点项目工程教学资源的查找、检索、修改、使用等方面的培训,使教师们能正确使用教学资源。通过培训,大部分教师可以通过局域网或因特网找到自己需要的资源,并加以整合、运用。

2. 科学规划，量力投入，搭建远程教育应用平台，探索模式二应用的新思路

学区各校自配置了模式二设备之后，认真分析、思考，探索使用模式二的新方法，解决教学资源使用的瓶颈问题，即教师如何才能快速、有效地使用教学资源。各校想了一些办法，投入了大量资金，已初步在部分学校建立了远程教学资源与校园网相结合的教学新途径。

东关二校于2017年10月建立了集校园局域网、校园广播网、校园电视台、因特网于一体的校园网络系统，学校利用服务器做平台，以学校的教学资源网站为依托，为每个办公室配备了电脑，部分教室配备了电脑、大屏幕电视，使教室成为多媒体教室，教师们可以通过学校网站在单位或家里进行网上办公，直接进教室就能上课。本学期，东关二校又把远程教育试点项目工程下载的教学资源与原有的资源相结合，形成了更完善的资源系统。

2018年2月，东沙子学校利用假期，在借鉴东关二校校园网的基础上，建成了以模式二设备为基本教学资源，从校园网为平台的网络教学框架，班班配备了电脑和大屏幕电视，除能在教室上因特网以外，学校又把远程教学资源按年级进行了分解，存储到教室内的电脑上，为教师提供了丰富的教学资源，教师既可以利用自己的学科资料，也可以到资源中心去搜索视频资料、品德教育录像等，把模式二设备的教学资源作为学校教师办公的基础，又解决了资料安全、文件过多过大不易整理、存储的问题。

现在，南园小学等学校也在积极进行校园网的建设，在东关二校、东沙子学校的基础上，校园网的功能会更强大。

为解决资金上的困难，东关二校、东沙子学校、南园小学在建设校园网的过程中，除不得不购买的电线、电缆、接头、插座等以外，自己设计施工，组织年轻教师利用节假日，加班加点，节省了大笔资金。2018年4月，学区各校校长和远程教育技术员在东沙子学校召开了远程教育试点工程项目和校园网建设观摩会，学区在会上提出了"结合实际、科学规划、量力而行、逐步投入"的校园网建设原则。

3. 加强对现代远程教育应用的研究，探索远程教学资源在课堂教学中的整合与应用

一是把原来由各校信息技术教师组成的城关学区信息技术教研组，从本学期开始，又扩大到包括各校远程教育项目技术员，定期召开教研会议，把教研内容重点放在信息技术应用和校园网维护技巧方面。本学期，除完成了省级重点课程《现代教育技术在新课程教学中的应用》的结题工作，还把研究重点放在了模式二设备的应用上面。

二是学区立足各校实际，加强教学研究，采取集体学习、自学、集体备课、讲座等形式，研究现代远程教育在课堂教学中的有效应用，各校围绕这一主题，多次开展教研活动，树立合作意识，发挥集体优势，鼓励教师尝试运用现代远程教学资源，探索资源应用的有效途径和方法，在应用中发现问题、解决问题。

4. 问题与今后努力的方向

城关学区存在的主要问题：一是班额过大，造成教师应用教学资源的效果不够理想，往往存在上课质量不高的问题；二是学校领导对优质教学资源的认识高度不够，造成运用

现代远程教学资源的工作滞后。通过教育教学研究，我们将运用新技术，支持新课程，通过新课程提高技术水平，将课程改革与远程教育试点工程项目结合起来，努力提升教育教学质量。

2018 年 4 月 28 日

例 3

教育部关于实行《高等教育自学考试试行办法》的报告

国务院：

　　为了调动广大群众的学习积极性，通过多种途径发展高等教育，加速培养和选拔专门人才，更好地适应我国社会主义现代化建设事业发展的需要，我们制定了《高等教育自学考试试行办法》。该办法征求了国务院有关部门的意见，同时还在我部召开的部分省、自治区、直辖市教育部门、部分高等学校负责人座谈会上进行了讨论。

　　高等教育自学考试在我国是一项新的工作，政策性很强，工作繁重复杂，涉及劳动计划、工资待遇、干部管理等诸多方面，要认真做好这项工作。

　　（一）各级政府应当十分重视这项工作，省、自治区、直辖市要由一位负责同志亲自抓，并组织有关部门成立高等教育自学考试委员会，分配精干的专职干部进行日常工作。

　　（二）要充分发挥普通高等学校的作用。普通高等学校要积极协助高等教育自学考试委员会做好自学考试工作。

　　（三）各省、自治区、直辖市高等教育自学考试要根据本地区对各种专业人才的需要确定考试专业，以便对考试合格的在职人员调整适应工作，对待业人员择优录用。

　　（四）考生经过高等教育自学考试合格，取得毕业证书后的工资待遇，涉及整个业余高等学校毕业生的工资待遇问题，经与原国家人事局、原国家劳动总局协商，拟从××××年开始，凡经省、自治区、直辖市人民政府和国务院各部委批准，并报教育部备案的高等学校举办的函授、夜大学、企事业单位、地区所举办的业余大学毕业生，其工资待遇可按《高等教育自学考试试行办法》第四项规定执行。

　　（五）考虑到目前高等教育自学考试工作还没有经验，建议先在北京市、天津市、上海市等少数城市试点，待取得经验后，再逐步推广。

　　以上报告如无不当，请批转各地遵照执行。

　　附件：《高等教育自学考试试行办法》（略）

教育部
××××年××月××日

　　评析：这是一篇呈转性报告。首先说明制定《高等教育自学考试试行办法》的原因，强调高等教育自学考试的重要性；然后提出 5 项具体措施；最后以惯用语结束全文。

实战演练

1. 请以暑期工作的经历，撰写一篇"暑期工作实践报告"。

2. 根据下面提供的材料，请以××市商务局的名义向××省商务厅起草一份情况报告。

（1）2021年7月20日上午9点20分，××市××百货大楼发生重大火灾事故。

（2）事故后果：未造成人员伤亡，但烧毁三层楼房一幢及大部分商品，直接经济损失达800万元。

（3）施救情况：市消防队出动10辆消防车，经4个小时扑救，火灾被扑灭。

（4）事故原因：直接原因是电焊工××违章在一楼焊铁窗架，电焊火花溅到易燃物上引起火灾，但也与××百货公司安全制度落实不到位，许多安全隐患长期得不到解决有关。

（5）善后处理：市商务局副局长带领有关人员赶到现场调查处理；市人民政府召开紧急防火电话会议；市委、市政府对有关人员视情节轻重，做了相应处理。

4.5 函

 情境导入

中华人民共和国第七届城市运动会将在江西省南昌市举行,开幕式举办日为 2011 年 10 月 16 日,闭幕式举办日为 2011 年 10 月 25 日,经省政府同意已报国家体育总局审定。

另外,为体现江西"红色摇篮"、南昌"英雄城市"的特色和节俭办会原则,国家体育总局已原则同意开幕式拟采取大型群众文艺表演形式,闭幕式拟采取大型国际军乐表演模式。

假设你是第七届城市运动会组委会成员,现领导要求你给青山湖区体委去函,询问其能否承办篮球和田径项目的比赛,并在 2011 年 2 月 16 日前答复。你能否完成此次任务?

 训练指导

一、函的含义

函是不相隶属机关之间相互洽谈工作、询问和答复问题,或者向有关主管部门请求批准事项时所使用的文种。

函作为公文中唯一的一种平行文种,其适用范围相当广泛。在行文方向上,不仅可以在平行机关之间行文,而且可以在不相隶属的机关之间行文,其中包括可以在上级机关或下级机关之间行文。在适用的内容方面,它除了主要用于不相隶属机关相互洽谈工作、询问和答复问题,也可以向有关主管部门请求批准事项,向上级机关询问具体事项,还可以用于上级机关答复下级机关的询问或请求批准事项,以及上级机关催办下级机关有关事宜,如要求下级机关函报报表、材料、统计数字等。此外,函有时还可用于上级机关对某个原发文件做较小的补充或更正,不过这种情况并不多见。

二、函的特点

函具有以下几个特点。

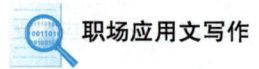
职场应用文写作

（一）沟通性

函对于不相隶属机关之间相互洽谈工作、询问和答复问题，起着沟通作用，充分显示平行文种的功能，这是其他公文所不具备的特点。

（二）灵活性

灵活性表现在两个方面：一是行文关系灵活。函是平行公文，但是它除了平行行文，还可以向上行文或向下行文，没有其他文种那样严格的特殊行文关系的限制。二是格式灵活。除了国家高级机关的主要函必须按照公文的格式、行文要求行文，其他一般函，比较灵活自便，也可以按照公文的格式及行文要求来撰写。可以有文头版，也可以没有文头版，不编发文字号，甚至可以不拟标题。

（三）单一性

函的主体内容应该具备单一性的特点，一份函只宜写一件事项。

三、函的种类

函可以从不同的角度来分类。

（1）按性质分，可以分为公函和便函两种。公函用于机关单位正式的公务活动往来；便函则用于日常事务性工作的处理。便函不属于正式公文，没有公文格式要求，甚至可以不要标题，不用发文字号，只需要在尾部署上机关单位名称、成文时间并加盖公章即可。

（2）按发文目的分，可以分为发函和复函两种。发函即主动提出了公事事项所发出的函；复函则是为回复对方所发出的函。

（3）另外，函根据内容和用途还可以分为洽谈事宜函、通知事宜函、催办事宜函、邀请函、请示答复事宜函、转办函、催办函、报送材料函，等等。

四、函的结构、内容和撰写方法

由于函的类别较多，从制作格式到内容表述均有一定的灵活机动性。这里我们主要介绍规范性公函的结构、内容和撰写方法。

公函由首部、正文和落款3个部分组成。其各部分的格式、内容和撰写要求如下。

（一）首部

首部主要包括标题、主送机关两个项目内容。

（1）标题。公函的标题一般有两种形式：一种是"由发文机关名称＋事由＋文种"构成，另一种是由"事由＋文种"构成。

（2）主送机关。即受文并办理来函事项的机关单位，于文首顶格写明全称或规范化简称，其后用冒号。

（二）正文

正文的结构一般由开头、主体、结尾、结语等部分组成。

1. 开头

开头主要说明发函的缘由。一般要求先概括交代发函的目的、根据、原因等内容，然后用"现将有关问题说明如下："或"现将有关事项函复如下："等过渡语转入下文。复函的缘由部分，一般首先引叙来文的标题、发文字号，然后交代根据，以说明发文的缘由。

2. 主体

主体是函的核心内容部分，主要说明致函事项。函的事项部分内容单一，一函一事，行文要直陈其事。无论是洽谈工作、询问和答复问题，还是向有关主管部门请求批准事项等，都要用简洁得体的语言把需要告诉对方的问题、意见叙写清楚。如果属于复函，还要注意答复事项的针对性和明确性。

3. 结尾

在结尾，一般用礼貌性语言向对方提出希望。或请对方协助解决某一问题，或请对方及时复函，或请对方提出意见，或请主管部门批准等。

4. 结语

通常应根据函询、函告、函或函复的事项，选择运用不同的结束语，如"特此函询""请即复函""特此函告""特此函复"等。有的函也可以不用结束语，如属便函，可以像普通信件一样，使用"此致""敬礼"。

（三）落款

落款一般包括署名和成文时间两项内容。

署名为机关单位名称，写明成文时间（年、月、日）并加盖公章。

五、撰写函件应注意的问题

函的撰写，首先要注意行文简洁明确，用语把握分寸。无论是平行机关或是不相隶属的机关，行文都要注意语气平和有礼，不要倚势压人或强人所难，也不必逢迎恭维、曲意客套。至于复函，则要注意行文的针对性，答复的明确性。

其次，函也有时效性的问题，特别是复函更应该迅速、及时。像对待其他公文一样，及时处理函件，以保证公务等活动的正常进行。

 示例 4.5

例 1　商洽函

中国科学院××××研究所关于建立全面协作关系的函

××大学：

近年来，我所与你校双方在一些科学研究项目上互相支持，取得了一定的成绩，建立了良好的协作基础。为了巩固成果，建议我们双方今后能进一步在学术思想、科学研究、人员培训、仪器设备等方面建立全面的交流协作关系，特提出如下意见：

一、定期举行所、校之间学术讨论与学术交流。（略）

二、根据所、校各自的科研发展方向和特点，对双方共同感兴趣的课题进行协作。（略）

三、根据所、校各自人员配备情况，校方在可能的条件下对所方研究生、科研人员的培训予以帮助。（略）

四、双方科研教学所需要高、精、尖仪器设备，在可能的条件下，予对方提供利用。（略）

五、加强图书资料和情报的交流。

以上各项，如蒙同意，建议互派科研主管人员就有关内容进一步磋商，达成协议，以利工作。特此函达，务希研究见复。

中国科学院××××研究所（盖章）

××××年××月××日

例 2　批准函

××市发展改革委关于调整××市出租车燃油附加费有关事项的复函

（×发改〔××××〕×××号）

市交通委运输管理局：

贵局 3 月 11 日《关于商请启动出租汽车租价与油价联动机制相关措施的函》收悉。为应对油价上涨对出租车行业影响，经研究，并报市政府批准，现将有关事项函复如下：

一、出租车燃油附加费标准调整为 2.00 元/运次，征收范围仍为乘距超过基价公里（3 公里）乘客。当油价低于 7.10 元/升时，燃油附加费标准相应下调。

二、出租车燃油附加费自 2011 年 4 月 9 日起调整。

三、请贵局做好政策实施前后的配套工作，指导出租车企业及时更换出租车燃油附加费标识，并做好政策宣传和出租车驾驶员培训工作，确保政策平稳实施。

专此函复

2011 年 4 月 7 日

例3 征求意见函

国务院办公厅关于征求《国家行政机关公文处理办法（草案）》意见的函

国办函〔××××〕××号

各省、自治区、直辖市人民政府，国务院各部门办公厅（室）：

现将我们草拟的《国家行政机关公文处理办法（草案）》送给你们，请组织有关同志讨论修改，并将修改意见于11月底前告诉我们。

国务院办公厅（盖章）

××××年××月××日

实战演练

1. 南方职业学院2019级酒店管理专业毕业班学生20人准备进行毕业实习，系里希望与位于本市的东方大酒店接洽，安排学生到东方大酒店实习，时间为两个月（2008年12月15日～2009年2月15日）。

请你完成下列写作：

（1）以南方职业学院管理系的名义撰写一份商洽的函。

（2）以东方大酒店的名义撰写一份复函，表示同意接收实习学生，要求在复函中说明下一步接洽的时间与方式等相关事宜。

要求：行文合乎函的撰写要求（主文部分各要素要齐全），相关内容可自行补充。

2. 病文纠错。

××日报社公函
××函（2001）×号
××日报社关于联系青年记者学习事宜的函

××大学：

为了提高我社青年记者的业务能力，我们决定从现有记者中抽出15名青年记者，到贵校中文系新闻进修班脱产进修一年。从2020年8月20日开始，到2021年8月结束。有关进修费用按上级有关文件规定缴纳。如果同意，希尽快函告我们。

2020年6月30日

模块五 传播类应用文

【知识目标】

通过学习本模块，了解消息、演讲稿、广告文案等传播类应用文的特点、行文规则。

【能力目标】

在日常工作和生活中，能够规范地撰写各种传播类应用文。

5.1 消　　息

热爱记者工作的小张在顺利成为校园记者站的记者后，接到了学校选拔旅游形象大使比赛的采访任务，兴奋地开始了他热爱的新闻工作。在完成采访后，他很快写出了稿件，却未被采用，理由是稿子不符合消息的撰写要求，需要进行修改。

消息有哪些撰写要求？小张要怎样修改才符合要求呢？

一、消息的含义

消息是新闻的体裁之一。"新闻"一词有广义和狭义之分。广义的"新闻"是指各种新闻体裁的总称，包括消息、通信、特写、调查报告等；狭义的"新闻"指的是消息。它是以简洁的文字迅速传播新近变动的事实，包括新近发生的事实、某些将要变动的事实。消息是目前最广泛、最常用的一种新闻报道的形式。

二、消息的种类

消息可分为动态消息、典型消息、综合消息、评述消息。其中,最受人们关注和喜爱的是动态消息,我们所要学习的就是关于动态消息的撰写。

动态消息按运动形态来分有以下几种:完成式报道、进行性报道、预告性报道。

(1)完成式报道:新近发生的独立无涉的事实报道。

如:谌龙击败李宗伟蝉联世锦赛冠军

(2)进行性报道:正在进行的具有一定连续性的事物的报道。

如:陕西山阳发生山体滑坡被救人员增加至 14 人(山体滑坡发生在 5 天前)

(3)预告性报道:即将发生的事实预告。

如:南昌玉带河截污提升年底完成

三、消息的特点

消息的特点主要是新、实、快。新是指消息的内容必须是最近发生的事件;实是指消息中的所有内容都必须是真实的,真实是消息的"生命";快是指消息要在事件发生后最短的时间里见诸各类传播媒体。

四、消息的要素

消息的要素:"5W+1H"。

5W:When(何时)、Where(何地)、Who(何人)、What(何事)、Why(何故)。

1H:How(如何)。

在"5W+1H"中,最主要的是 What(何事)、Who(何人)。撰写时要认真把握好这几个方面的内容。

五、消息的结构

消息的结构由标题、消息头、署名、导语、主体、结尾组成。

（一）标题

标题分单行标题和多行标题。

1. 单行标题

只有一行标题，集提示新闻内容、吸引读者阅读功能于一身，如：

（1）榕树和杜鹃花成赣州市树市花（中国江西网，2015年6月30日）

（2）"蛟龙"号首次在西南印度洋中国勘探合同区下潜（《人民日报》2015年1月3日）

2. 多行标题

消息也可以采用多行标题，除正题之外，还可以配以引题和副题。

引题又被称为"眉题"或"肩题"，位于正题之上，起引出、说明主题，烘托渲染气氛的作用。

正题又被称为"主题"，它负责概括和提要消息里最主要的事实和含义。正题在整个标题中字号最大、最醒目，一条消息可以没有引题和副题，但一定要有正题。

副题位于正题之下，发挥对正题的补充、注释作用。

消息标题结构的选用除考虑新闻需要外，还要与新闻的重要性及新闻稿的长度相匹配。

（1）"主标题＋副标题"的形式。

　　主标题：暴雨致我省直接经济损失达3.07亿元（提供消息事实）

　　副标题：全省28.63万人受灾（补充受灾情况）

　　（中国江西网，2015年6月4日）

（2）"引题＋主标题"的形式。

　　引题：春播进展顺利（引出、说明主题）

　　主标题：河南今年新建900万亩高标准粮田（抓春耕抢春播）（提供消息事实）

　　（《人民日报》××××年5月1日）

（3）"引题＋主标题＋副标题"的形式。

　　引题：李克强同法国总理瓦尔斯会谈时强调（引出、强调）

　　主标题：将中法全方位务实合作提升到更高水平（点明重点）

　　副标题：会谈后共同会见记者（补充新闻内容）

　　（《人民日报》2015年7月2日）

（二）消息头

消息头是正规消息的标志，一般由发布新闻通讯社、发布新闻地点、发布新闻时间和发布新闻形式组成。

消息头主要有"讯""电"两种发布形式。讯，主要指通过邮寄、书面递交形式向报社传递新闻报道；电，主要指通过电报、电传、电子邮件、传真、电话等形式向报社传递新闻报道。

消息头撰写的几种不同情况如下。

1. 消息来源于本媒体

本报北京 7 月 3 日电（记者×××）

本报连云港 7 月 3 日讯（××、×××）

2. 消息来源于通讯社

新华社北京 10 月 16 日电

中新社北京 10 月 17 日供本报专电

3. 消息来自转载其他媒体

据美联社华盛顿 10 月 19 日电

据《青岛日报》10 月 20 日报道

（三）署名

署名有两种方式：一种是位于消息头之后、导语之前，常以"（记者×××）"表示，如据新华社"向阳红 09"船 1 月 2 日电（记者张旭东）；另一种则将署名置于正文之后。

（四）导语

导语是一篇消息的第一段或第一句话，其作用是以最简洁的语言把最重要、最新鲜的新闻事实表述出来，以紧紧地抓住读者并引导读者进一步阅读。常用的类型包括以下几种。

1. 叙述性导语

以直接陈述的方式，平实自然的语言，将最主要、最新鲜的新闻事实概括出来。多数重大事件性新闻的导语，都采用叙述式。例文：

据新华社"向阳红 09"船 1 月 2 日电（记者张旭东）"蛟龙"号载人潜水器 2 日首次在西南印度洋中国多金属硫化物勘探合同区执行下潜科考任务，并首次搭载中国第二批潜航员学员下潜。

（《人民日报》2015 年 1 月 3 日）

2. 描写性导语

通过对新闻的一个场景、一个情节、一个景物、一个画面进行描述，甚至是讲一个故事，来揭示报道主旨，营造气氛，将读者带入现场。例文：

无骄阳的烤晒，无压抑的氛围，繁茂荫凉的杨树林下，凉风习习，相对沉闷的教室内，更多出一分清净、轻松。这不，两天来，一场别样的期末考试正在封丘一中校园内上演，为让学生能在放松、公平的环境中考出好成绩，该校将考场搬至室外，让学生在小树林中度过高二的最后时光。

（新华网，2015 年 7 月 4 日）

3. 引用式导语

导语中引用新闻人物有代表性的语言或总结评论型的话；或者引用成语、典故、诗词、谚语、名人名言等，借以点明新闻主题或衬托新闻事实。例文：

这个不缺乏阳光的城市，在这个春天迸发勃勃生机。"积极参与国家'一带一路'，是三亚十分难得的重要机遇。"时任海南省委常委、三亚市委书记×××提出，抓住机遇要表现在打造三亚经济升级版上、表现在加快构建以旅游业为龙头的多元化产业体系上、表现在建设全方位国际化的热带滨海旅游精品城市上。

（《人民日报》2015年5月4日）

4. 对比式导语

指进行今昔、正反、彼此等对比的导语，对比的两个方面应该具有可比性。例文：

北京四中、北京大学元培学院经济学方向……一路从名校走来的蒋沈雄今年才23岁。这个将《我国互联网理财产品对保险业的影响分析及政策建议》作为毕业论文的"90后"毕业后没有选择去投行、咨询、保险公司工作，而是选择了自己创业。

（《人民日报》2015年5月4日）

5. 设问式导语

指从事实中引出使人注目的问题的导语。例文：

近日，全国体育爱好者的目光都被《中国足球改革总体方案》的出台所吸引，在这份方案中有关中国体育彩票的部分也成为媒体的报道热点，球迷和彩民们纷纷热议其中。究竟"中超"（中国足球超级联赛）会不会成为足彩竞猜对象？足彩和中超之间的关系又是如何的？带着读者们感兴趣的问题，本报记者专访了国家体育总局体育彩票管理中心相关部门负责人。

（《中国体育报》2015年3月27日）

（五）主体

导语后面是消息的主体。新闻的主体是新闻的躯干部分，紧接导语之后，内容比导语更详尽、充实，篇幅比导语长一些，是"新闻的展开部分"。消息的主体承担的任务，主要有两点：一是补充导语中的事实，使新闻内容能完整明确；二是运用背景等材料补充导语，使消息的根据更加确凿、内容更丰满。

背景或背景材料是与新闻事实有关的历史条件、社会环境、政治缘由、地理特征、科学知识等内容。背景的作用有：①说明与交代；②衬托与对比；③分析与解释。

要注意，在主体中不要重复导语。例文：

据介绍，这次下潜的主要任务是探索热液口作业方式，测定热液喷口温度、采集流体和烟囱体样品，在热液口布放硫化物生长仪及高温检测传感器，在低温热液中布放定殖架和微生物原位培养装置，并采集岩石和生物。

此次下潜由国家深海基地管理中心潜航员傅文韬担任主驾驶，中国第二批潜航员学员齐海滨任副驾驶。傅文韬将在下潜和作业过程中对齐海滨进行实际操作培训。

"蛟龙"号于东四区时间 2 日 7 时 43 分（北京时间 11 时 43 分）下潜，预计下潜深度 2300 米至 2900 米，2 日 15 时 30 分（北京时间 19 时 30 分）结束作业抛载上浮。

海底多金属硫化物是由于大洋中脊构造岩浆等活动，温度只有几度的海水渗入地层，被海底高温岩石加热排出，高温流体与周围冷海水混合，形成高温或低温热液区，在高温热液区往往沉淀形成硫化物"烟囱"和多金属硫化物。多金属硫化物富含铅、锌、铜、金、银等金属元素且富集程度高，是人类重要的潜在海底矿产资源。

评析：例文中最后一段关于海底多金属硫化物形成的原因和种类就属于背景材料，前面 3 段则补充了导语中未交代的具体时间。

主体大致有如下两种结构。

（1）以时间为顺序来安排材料。

（2）依据事物的联系，也就是根据主次、因果等逻辑关系安排结构层次。

（六）结尾

一是自然结尾（或称秃尾），随材料的结束而完结；二是专门设立段、句对这个新闻事实做总结。例文：

本报讯（记者杜一娜）庆祝《中国民航报》创刊 40 周年座谈会日前在京举行。

1979 年 7 月 20 日，《中国民航报》的前身《中国民航（简讯）》正式创刊，1986 年 4 月 30 日，正式更名为《中国民航报》。

40 年来，中国民航报社从过去单纯的媒体机构发展成为报社出版社宣教中心"三位一体"格局，从单一平面媒体发展成为集《中国民航报》、《中国民航》杂志、《今日民航》杂志、《Sky Times》（蓝天时代）英文杂志、中国民航网、中国民航网络电视于一体的融媒体矩阵，初具规模化、集团化发展的态势。

中国民用航空局局长冯正霖肯定了《中国民航报》40 年来充分发挥行业主流媒体作用，在民航新闻宣传工作中取得的显著成绩。中国航空运输协会理事长李军认为，《中国民航报》多年来秉持正确舆论导向，秉持服务民航的大局，秉持开拓创新、艰苦创业的精神。

中国民航报社出版社社长、中国民航宣传教育中心主任马松伟表示，40 年再出发，全社上下将不忘初心、牢记使命，继续坚持正确的政治方向，坚持壮大主流思想舆论，坚持提升为人民服务的业务水平，坚持勇立潮头的创新精神，坚持发挥团结协作的行业合力，担当起时代赋予的职责与使命。

座谈会上，中国民航报社总编辑董义昌宣读了"民航新闻传播突出贡献奖"表彰通报和名单。

（标题：《中国民航报》迎来创刊 40 周年 《中国新闻出版广电报》2019 年 8 月 2 日）

评析：例文第一段为导语，后面几段为主体部分，写了会议的基本情况及主要内容，

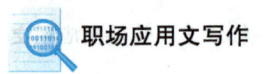

材料叙述完后便自然收尾。

 示例 5.1

例 1

讲述新时代"老区新貌""大美边疆"精彩故事
——记中央主要媒体老区边疆行

新华社记者白瀛

4月中旬以来，中央主要媒体深入革命老区和边疆地区，开展行进式、互动式采访报道，生动讲述新时代"老区新貌""大美边疆"的精彩故事。

报道充分展现了习近平总书记对革命老区和边疆地区的深深牵挂和深切关怀，深入反映了革命老区和边疆地区在打赢脱贫攻坚战、全面建成小康社会、推进乡村振兴、加快区域发展等方面的生动实践、显著成就和感人故事，充分展示了党的十八大以来革命老区和边疆地区的新风貌新变化新成就，深情表达了全国各族群众感党恩、听党话、跟党走的共同心愿，为迎接党的二十大胜利召开营造了良好舆论氛围。

专版专栏，全面展现老区边疆成就变化

新时代展现新气象，新征程要有新作为。报道中，各媒体都开辟专版专栏，推出重点综述文章，讲好革命老区和边疆地区发展故事，反映成就变化，凝聚发展信心，展现奋斗图景。

《人民日报》在相关栏目中每期推出"1篇要闻版通讯+2个特别报道版"系列报道，推出综述《让乡亲们日子越过越好》《万里边疆展新颜》，充分展现革命老区和边疆地区加快发展的巨变，展现革命老区和边疆地区人民良好精神风貌和感党恩、听党话、跟党走的共同心愿。

新华社开设专题专栏，已累计播发各类报道500余条（组），从党的建设、经济社会发展、全面深化改革、保障和改善民生等多角度，全面反映习近平新时代中国特色社会主义思想扎根中国大地、引领时代变革的真理力量和实践伟力，生动展示新时代的变革性实践、突破性进展、标志性成就，充分彰显中国人民踔厉奋发、笃行不怠的精神风貌，讲述真实、立体、全面的新时代中国故事。

《中国日报》开辟专栏刊发重头综述稿件，重温习近平总书记对边疆地区振兴发展的重要指示，展现党的十八大以来边疆地区繁荣稳定的良好局面，并依次刊发东北地区、北部地区、西北地区、西藏地区、西南地区稿件，配发地图和重点数据，直观展现该地区的发展亮点。

突出特色，多角度讲好老区边疆故事

用百姓话说百姓事，以点滴细节打动人，以真情实感触动人。报道中，各媒体发挥各自优势，突出自身特色，深入老区、边疆一线，聚焦基层变化，反映百姓获得感。

中央广播电视总台报道深入基层和现场，从百姓的吃住行切入，带领观众走进现实生活。在革命圣地延安，报道突出"新"字，讲的是赵家岸的农民搬到新民居后，通过将土窑洞翻新、打造成极具地域特色的农家乐来增收致富的故事。在宁夏闽宁镇，今年67岁的移民谢兴昌，用Vlog自拍的形式，自己拍、自己说，展现出了当地的点滴变化和群众的幸福自信。

《经济日报》凸显经济特色，精选产业带动能力强、老区群众生活得实惠的报道对象。有的报道聚焦福建省龙岩市长汀县发展红色旅游增收致富，传承弘扬红色文化的做法和成效；有的报道聚焦西延高铁、延长石油等项目或企业的发展，并以点带面展示延安市高质量发展的成果。

中新社依托特色栏目策划深度稿件，聚焦民族融合和不同文明交流话题，结合"新疆棉"等涉疆议题推出一批作品，其中直播报道《实地体验新疆棉花如何种》请棉农现场讲述棉田里"种"出来的幸福生活，总播放量逾600万；短视频《世界棉花看中国，中国棉花看新疆》，网友点赞评论"喜欢咱们新疆棉""新疆的棉花抢都抢不到，世界最好的优质棉"。

融合创新，提升老区边疆成就传播实效

好内容支撑好创意，好形式点亮好内容。报道中，各媒体注重融合表达、加强融合传播，令主题宣传有意义、有意思，增强了主题传播实效。

《光明日报》在微博品牌栏目中，发布相关图文、视频稿件近30条，【#西藏林芝桃花有多美#】【#新疆那拉提万亩杏花次第开放#】【#沂蒙老区的绿色发展#】【#太行革命老区的新面貌#】等阅读量超过300万次。其中，#今天的新疆有多美#、#让边疆百姓享受高水平医疗服务#等多个话题登上同城热搜榜。

新华社以图表漫画、虚拟现实、Vlog等方式手段，策划制作了一批融合产品，组织"老乡，来全民拍唠唠村里的新变化"等全民拍互动征集活动，邀请基层群众以视频、图片方式展现家乡新变，反映时代新貌，全网浏览量超150万人次。

中央广播电视总台在直播报道中介绍龙岩上杭的高污染高耗能产业转型时，运用虚拟现实技术，让记者走入老照片，漫步在老厂房中，仿佛穿越回到了30多年前，充满视觉强烈对比地展现了上杭老区的新貌巨变。

《中国日报》重点推出"一分钟看大美中国"系列双语短视频之"边疆篇"，在海外引发网友热议。网友Kao CT在"脸书"帖文下方留言："云南，彩云之南。据我们家族的家谱，上溯20代，我们家族可能就是从这里移民过来的，大约是在明朝初期。"

（选自：新华每日电讯1版，2022-07-11）

例2

教育部：十年来超八成留学人员学成归国

《中国青年报》客户端北京9月20日电（中青报·中青网记者 叶雨婷）在教育部今天举行的新闻发布会上，教育部国际合作与交流司司长刘锦表示，党的十八大以来，我国各类出国留学人员中超过八成完成学业后选择回国发展。

刘锦还提到，党的十八大以来，我国教育的"朋友圈"更大了。

"我国同181个建交国普遍开展了教育合作与交流，与159个国家和地区合作举办了孔子学院（孔子课堂），与58个国家和地区签署了学历学位互认协议。深入实施共建'一带一路'教育行动，加强同共建国家教育领域互联互通，建设了23个鲁班工坊，启动了海外中国学校建设试点。"刘锦说。

刘锦表示，十年来，中外合作办学蓬勃开展，审批、管理、评估、退出机制不断完善。过去10年，新增本科以上中外合作办学机构和项目中，理工农医类占比达65%。

"人文交流格局不断完善，中外'心联通'更紧了。"刘锦说，过去10年，教育部共筹办中外高级别人文交流机制会议37场，签署300多项合作协议，达成近3000项具体合作成果。在人文交流机制框架下，形成了中美青年创客大赛、中俄同类大学联盟、中英中法百校交流、中南（非）职业教育联盟等教育品牌项目，为双边关系发展注入了正能量和暖力量。

例3

今天是"世界工程日" 全球举办庆祝活动

本报3月4日讯 今天是全球第二个"世界工程日"，今年的主题是"工程——为了健康地球"（Engineering for a Healthy Planet），旨在彰显工程对当今世界所作的贡献，提升公众对工程改善人类生活、实现可持续发展重要作用的认知。

今天，联合国教科文组织（UNESCO）将在线举办2021"世界工程日"庆祝活动。UNESCO总干事奥德蕾·阿祖莱、中国工程院院长李晓红等将发表致辞，并正式发布《工程——支持可持续发展》（Engineering for Sustainable Development）的报告。发布活动上将简要介绍报告的内容，并邀请来自各大洲的青年工程师在线讨论。活动将于巴黎时间13:00至14:30（北京时间20:00～21:30）举办，用英、法、中文向全球直播。注册参会网址（网址略）现已开放。

3月4日发布的这份新的工程报告，是在联合国教科文组织的第一份工程报告发布十年之后的第二份工程报告，是在2030全球可持续发展议程关键推进阶段发表的工程报告，也是在气候变化等全球性挑战日益严峻的新形势下发布的工程报告。报告阐述了工程对于实现可持续发展目标的关键性作用，指出应提升工程能力，改进工程教育、加强工程创新以促进可持续发展；强调工程服务于包容性、多样性发展，为女性和青少年了解和参与工程提供机会；分析了第四次工业革命下全球各主要区域和跨区域的工程发展趋势，鼓励全球工程界携手应对各种挑战，加速实现可持续发展目标。报告的撰写得到中国工程院、清华大学和世界工程组织联合会等国际工程组织的大力支持，届时报告的中英文版以及报告详细摘要的英、法、中、俄、西、阿文版将同时发布。

为庆祝2021"世界工程日"，中国工程院、中国科协等十余个国家和地区的政府机构、工程组织、高校、科研机构积极参与，在全球范围内广泛举办庆祝活动，目前在世界工程日网站已经发布了60余场全球活动，尚在陆续增加之中。这些活动，包括工程促进消除贫困、工程应对气候变化、工程与减灾防灾等重要话题，将吸引全球工程界、学术界和社会组织广泛参与，必将有力加强全球工程合作，推动工程界自身多样性发展，助力工程能力建设。

2018年世界工程组织联合会在纪念该组织成立50周年之际，倡议设立促进可持续发展世界工程日，得到了包括中国工程院、中国科协等在内的80余家国际工程组织的共同支持，并由中国等40多个国家正式向联合国教科文组织执委会提出议案。2019年11月，联合国教科文组织第40届全体大会通过决议，正式宣布每年3月4日为"促进可持续发展世界工程日"（World Engineering Day for Sustainable Development）。

实战演练

1. 请分析例文中案例的特点，指出它们分别属于哪种新闻。
2. 学院为丰富校园文化生活，开展了多项文体活动，请你以校园记者站记者的身份，撰写一则报道。
3. 请为下面的报道加上标题：

（1）南宁9月25日快讯（记者杨郑宝）9月25日上午7时47分，随着G422次动车缓缓驶离南宁火车站，标志着南宁—北京的高铁正式开通。这列满载着1100多名旅客的高铁动车将沿着柳南、衡柳和京广等高铁线路运行，全程运行时间仅需13.5小时，较T字头列车时间缩短了一半，首次将两地时空距离带入"半日达"时代。

南宁—北京高铁的开行，将进一步促进南宁与北京及沿线城市的经济、文化和社会交流，进一步扩大广西沿海、沿边、沿江的区位优势，为广西成为中国辐射东盟"桥头堡"，打造西南、中南地区战略新支点提供快速便捷的交通条件。

（2）本报北京9月17日电（记者余建斌、朱笑熺）据中国载人航天工程办公室消息，北京时间9月17日17时47分，经过约5小时的出舱活动，神舟十四号航天员陈冬、刘洋、蔡旭哲密切协同，完成出舱活动期间全部既定任务，航天员陈冬、航天员蔡旭哲已安全返回问天实验舱，出舱活动取得圆满成功。

航天员出舱活动期间，先后完成了舱外助力手柄安装、载荷回路扩展泵组安装、舱外救援验证等任务，全过程顺利圆满，进一步检验了航天员与小机械臂协同工作的能力、验证了问天实验舱气闸舱和出舱活动相关支持设备的功能性能。

当天13时35分，航天员蔡旭哲成功开启问天实验舱气闸舱出舱舱门。至15时33分，航天员蔡旭哲、航天员陈冬先后成功出舱。据悉，此次是神舟十四号乘组的第二次出舱，神舟十四号乘组创造中国航天员两次出舱活动间隔时间最短纪录——16天。

（来源：《人民日报海外版》2022年09月19日 第02版）

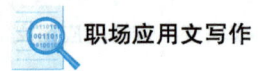

5.2 演讲稿

 **情境导入**

美国哈佛大学有这样一种理念：思考能力是你的第三只眼，创造能力是你的第二本能，表达能力是你的第一亮点。拿破仑说："机会总是青睐有亮点的人。"想得好，还要做得好；做得好，更要说得好。良好的口才是成功者的鲜花和光环。如今，一个没有口才和演讲能力的人很难适应工作和生活需要。

在第二次世界大战期间，丘吉尔的一次演讲动人心魄，极大地鼓舞了英国人民的斗志，因为丘吉尔在撰写这篇演讲稿时倾注了真情，"像孩子一样，哭得涕泪纵横"。

当人们为那些出口成章、语惊四座的精彩演讲而赞叹不已时，你是否也想成为一个口若悬河、能言善辩的人呢？要想演讲成功，那么请先学会撰写演讲稿吧！

 训练指导

一、演讲稿的含义

演讲稿又被称为演说词，它是在大会上或其他公开场合发表个人的观点、见解和主张的文稿。演讲稿的好坏直接决定了演讲的成功与失败。

演讲稿是为演讲所准备的书面材料，是内容的视觉化，是口述论文。

二、演讲稿的特点

演讲稿具有整体性、针对性、口语性、临场性、鼓动性的特点。

（一）整体性

演讲稿并不能独立地完成演讲任务，它只是演讲的一个文字依据，是整个演讲活动的一个组成部分。演讲主体、听众对象、特定的时空条件，共同构成了演讲活动的整体。

（二）针对性

演讲要以思想、主张、情感或事例来晓谕听众、打动听众、感染听众，就要求演讲内容具有针对性。首先，要懂得听众有不同的对象和不同的层次，了解听众是提高针对性的前提；其次，要根据不同的场合和不同的目的，设计有针对性的演讲内容。不考虑听众的好恶和接受能力，不考虑演讲的目的，再好的演讲也无人来听。

（三）口语性

口语性是演讲稿区别于其他书面表达文章和会议文书的重要方面。演讲稿有较多的即兴发挥，不可能事先编辑好演讲稿发给听众。为此，演讲稿必须讲究"上口"和"入耳"。所谓"上口"，就是讲起来通达流利；所谓"入耳"，就是听起来非常顺畅，没有什么语言障碍，不会发生曲解。具体要做到以下几点。

（1）把长句改成短句。
（2）把倒装句改为常规句。
（3）把听不明白的文言词语、成语加以改换或删去。
（4）把单音节词换成双音节词。
（5）把生僻的词换成常用的词。
（6）把容易误听的词换成不易误听的词。

这样，才能保证演讲者讲起来朗朗上口，听众听起来清楚明白。

（四）临场性

演讲活动是演讲者与听众面对面的一种交流和沟通。写演讲稿时，要充分考虑它的临场性、考虑到演讲时可能出现的种种问题，以及应付各种情况的对策。总之，演讲稿要具有弹性，要体现出必要的控场技巧。演讲者要热情洋溢，机智幽默，紧密联系听众和环境，运用生活化、口语化、大众化的语言，言简意赅，随机应变，临场发挥。

（五）鼓动性

演讲要使听众信服，就需要综合运用各种技巧来激发听众的情绪，使听众热情高涨，被演讲者打动。这就要求演讲具有鼓动性，反映在演讲稿中，就是演讲稿在内容上要思想深刻、内容丰富、见解独到，在语言表达上要态度鲜明、生动形象、富有感染力。

三、演讲稿的作用

演讲稿具有以下 3 个方面的作用。
（1）厘清思路，确定内容，安定和调整演讲者的情绪。它是演讲的底稿和依据。

(2)细心推敲，表达完美，可让表达更精确感人。
(3)掌握时间，调整速度。帮助演讲者调整时间、语速，并在限定时间内完成演讲。

四、演讲稿的撰写要求

元代乔梦符说："作乐府亦有法，曰凤头、猪肚、豹尾六字是也。"演讲稿的撰写也是如此。"凤头"比喻新颖精巧，出语不凡，引出正题；"猪肚"比喻正文内容充实，材料丰富，血肉丰满；"豹尾"比喻简短有力，深化主题，引人深思。

演讲稿的撰写，既要遵循撰写公文的一般规律，又要掌握自身的撰写特点和技巧。

（一）心中装着听众，倾注真情实感

在撰写演讲稿时要多做换位思考。假如自己是听众，自己最想听的是什么，最不想听的是什么。只有站在听众的角度上，与听众平等相待，了解听众的心理，才有可能写出好的演讲稿。对演讲者来说，听众是"上帝"，听众的反映是演讲成功与否的试金石。"己所不欲，勿施于人。"不要写假话、空话、套话、大话，弄虚作假，听众不买账，演讲也就成了空对空。

（二）精心安排结构，开头精巧，结尾有力

演讲稿的结构可分为称呼问候语、开场白、主体、结尾等部分。

1. 称呼问候语

明确听众的人员构成情况，有针对性地运用合理的称呼，要涵盖演讲现场的所有人。然后加上一句问候语。比如，在学校里发表演讲时，可写"尊敬的各位老师、亲爱的同学们：大家好！"在比较正式的工作场合，可写"女士们、先生们，朋友们：大家上午好！"如果演讲活动邀请了一两位德高望重的人士，可以专门提及，如"尊敬的×××先生，各位来宾、各位同仁，大家好！"等。

2. 开场白

演讲稿的开场白，相当于一般文章的开头部分，它在整个演讲中具有重要的作用。开场白有两项功能：一是建立演讲者与听众的网感；二是打开场面，引入正题。好的演讲稿，一开头就应该用最简洁的语言、最经济的时间，把听众的注意力和兴奋点吸引过来。开场白的方式多种多样，常用的有以下几种。

（1）开门见山、直奔主题。这种开场，就是一开讲就直奔主题。
（2）设置悬念、激发兴趣、提出问题，引导听众积极思考，激起听众的好奇心。设计问题时，需要从听众的角度来考虑，以听众感兴趣的问题来引起关注。
（3）介绍情况，说明缘由。这种开头可以快速缩短与听众的距离，让听众明白演讲的

意图，以便引起听众的重视和配合。

（4）引入故事、创设情境。在时间稍长的演讲中，可以先讲个故事，将听众带入你要演讲的特定情境中，设身处地地思考一些问题，从而引出主体内容。

此外，还有名言警句开场、幽默风趣式开场、一语双关式开场等。演讲稿的开场方式，应因人因事因地而不同，结合演讲内容和自己的演讲风格，选择适合自己的开场方式。

3. 主体

演讲稿主体部分的写法没有固定的写作模式，要坚持内容决定形式的原则安排主体结构，在撰写和演讲时，尽量做好以下几个方面。

（1）层次清晰。演讲者的思路要清晰，听众才能获得层次感。层次是演讲稿思想内容的表现次序，先讲什么后讲什么，它体现着演讲者思路展开的步骤，也反映演讲者对事物的认识过程。因为演讲诉诸口耳，要让听众听出层次，就需要在文字表述上揭示层次性，可以用表示层次的词语来引出讲话内容，如"下面我谈三点想法：一是……二是……三是……"或"首先……其次……最后……"等，也就是使用一些序次语来帮助区分层次。

（2）承接自然。在起承转合的环节，使用过渡句，让整个演讲环环相扣，层层深入，浑然一体。具体语言手段可选用反复设问、承接词语、分述总括语句等来实现行文的自然承接，如"刚才讲了……接下来……""明白了……之后，我们再来……""从另一方面来说"等过渡段或过渡句。

（3）张弛有度。张弛度的具体体现就是演讲的节奏感。节奏是演讲内容在结构安排上表现出的张弛起伏。既要集中听众的注意力，又不能让听众始终处于高度集中的状态，否则听众会很累。平铺直叙的讲述，会使听众昏昏欲睡；处处激情高昂，会使听众高度紧张。在演讲稿的安排上，注意内容的转换要适度，句子句式的使用要多样化，内容详略得当，节奏轻重缓急有度。

4. 结尾

特别提示：

结束语五忌
一忌草草收场，敷衍了事。
二忌拖泥带水，画蛇添足。
三忌精疲力竭，底气已尽。
四忌翻来覆去，冷饭回锅。
五忌故作谦虚，言不由衷。

如果一个演讲者在撰写演讲稿时力求创新，那就可以标新立异，别具风采。

（三）理、事、情、景并举，深刻表现主题

感人心者，莫先乎情，唯有真情能动人。富有真情的演讲才具有强烈的鼓动性、感染

性。真挚而炽热的感情最容易打动人心，引起共鸣，并促使人行动。要凭借自己的观察力和思考力，从身边发现无处不在的理、事、情、景。一篇演讲稿水平的高低，既取决于作者对主题深刻的理解和把握、语言表达的功力，又取决于对撰写技巧的掌握和娴熟的运用。虽然对每一篇演讲稿来说在理、事、情、景方面应各有侧重，但优秀的演讲稿无一不是理、事、情、景的有机交融。只有将思想的穿透力、事实的震撼力、情性的感染力、物景的烘托力横贯其中，演讲主题才能得到深刻的表现。

（四）短小精悍，妙语连珠

演讲稿最忌讳穿靴戴帽、庞杂冗长、繁文缛节、千篇一律。陈腐之言无异于自欺欺人，绝对不受欢迎。契诃夫说："简洁是才能的姊妹。"短小精悍、内容新颖的演讲总是受人欢迎、让人印象深刻的。短而精，是才情的标尺、成功的要素。撰写演讲稿，既要求主题集中，思想凝练，又要求构思用语奇妙，言简意赅。

（五）语言幽默，风趣智慧

幽默是演讲者常用的一种艺术手法。演讲的幽默法，是用诙谐的语言、逗人发笑的"材料"或饶有兴趣的方式来表达演讲内容、抒发演讲者感情的一种艺术手法。莎士比亚曾说过："幽默和风趣是智慧的闪现。"林语堂说："幽默是人类心灵舒展的花朵，它是心灵的放纵或者放纵的心灵。"幽默是一种很高的人生境界，金钱买不来，权势弄不到。幽默在演讲中有相当重要的作用，它所产生的谐趣对听众具有巨大的吸引力和感染力。演讲中运用幽默的方法可以愉悦听众、启迪听众，委婉地表达演讲内容。它多用于即兴、开场、应变、讽刺或批评。

演讲中运用幽默法应注意的事项如下。

（1）幽默的运用必须服从于演讲的主题，突出演讲的中心。否则就是为幽默而幽默，成了喧宾夺主的单纯笑料。

（2）演讲者如果没有丰富的生活体验和广博的知识，就硬要运用幽默法演讲，其幽默就可能沦为低级趣味的滑稽。

（3）幽默法的运用，还需根据场合和演讲的具体情境而定。在庄重悲哀的场合不宜多用幽默的语言，而在喜庆的宴会上发表演讲，则可通篇妙趣横生、诙谐幽默。

示例5.2

深圳大学校长李清泉在2021届毕业典礼上的致辞（有删改）

尊敬的各位老师、亲爱的同学们：

大家上午好！

这些年，超过5万名毕业生从我手里接过毕业证和学位证。此刻，千头万绪、千言万语汇聚成一首《千与千寻》，同千千万万个青春共情："既然相遇是来自时光的馈赠，那么离别时也要微笑着，把回忆放在心中。"最热烈的祝贺、最衷心的祝福献给最亲爱的你们！

早些年的典礼上，我常用"时光匆匆""岁月静好""不知不觉"等词语来为别离作注，但近年来，我们一起度过、一起抗争、一起守望、一起感念、一起适应、一起改变、一起创造、一起再次出发。我们已然经历的、正在奋斗的、将要面对的，注定是宿命般的与众不同。**我们应当在脚踏实地的"三自"墙前驻足沉思，"自立""自律""自强"**，这个在20世纪80年代就叩问内心、反求诸己、矢志再造纪元的校训精神，走到秩序和技术大变革的前夜，会给前行者赋予怎样的能量？如果有弹幕，我想此刻应该是满屏的"韧性"！

韧性是一种元气充沛的生命活力，是"物体产生变形而不易折断的能力"。它不推崇对困难挑战无条件正面刚，而是主张根据环境适当调整自我，以形变保存质地。同时，对质地的坚守使这种韧性不致沦为某种庸俗的生存哲学。

1989年，深大软科学管理系的一名研究生正猫在蓬莱阁没日没夜地开发汉卡。直到他用几年的时间，从一无所有到成为《福布斯》榜上最年轻的中国面孔，很多人才知道他的名字叫史玉柱。没多久，因过度扩张引爆的巨人大厦危机，又让史玉柱一夜之间沦为"全中国最穷的人"。同学们你们要知道，作为中国计划经济向市场经济转型过程中的第一代创业者，史玉柱的故事曾经鼓舞着多少年轻的梦想追逐市场的巨浪，有个大学生给他写信说："你要是不站起来，你就伤害了我们这代人的感情。"再后来，史玉柱果断调整商业布局，在生命健康、金融投资、互联网等领域攻守有据。从少年得意者到著名失败者，再到成功逆袭者，史玉柱重新回到了中国创业者版图中他应有的那个位置。

史玉柱跌宕起伏的命运堪称中国市场经济的巨轮在惊涛骇浪之中劈波斩浪、乘风破浪的真实写照和精彩缩影。个人选择的必然与历史进程中的某种应然相爱相杀，不管你从哪个角度审视和感悟，都不得不对这种韧性肃然起敬。同学们，请原谅我不想应景式地祝你们将来无忧无虑、快乐幸福如童话里的王子和公主，免得以后"你哭着对我说，童话里都是骗人的。"未来的日子不会没有风浪，当人生的轻舟驶出荔园的港湾，韧性就是最稳定的压舱石，护持你扬帆远航。

韧性是一种初志不改的处世定力。这种力量持久而绵长，不论繁花似锦还是风雨如晦，始终坚定顽强、纯粹率真、从容淡定而又温情脉脉。"处变不惊"四个字远远不足以形容大变局中的这种定力，所谓"不变"的力量来自深沉而强大的"不改"。

法学院2010届校友陈晓锋是一名"准90后"斜杠青年。香港民政事务局上诉委员会委员、"就是敢言"执行主席、湾趣人工智能CEO、法学博士等都是他的备注。这些年，他充分利用成长于潮、穗、深、港和留学英美的丰富经历，携手众多爱国爱港青年成立"就是敢言"，为加强香港青年国家认同，促进香港青年融入大湾区做了大量基础性工作。对大多数人来说，"今天早餐吃什么？"通常是每天面临的第一个小挣扎，就晓锋来说，肠仔煎蛋公仔面加热咖啡是他的固定搭配，中西合璧，港味浓郁，菜单与人设完美契合。"很多事情不是一朝一夕可以改变的，我们会久久为功。"晓锋的表态坚定而坦诚。

多年来，已经有超过一万名深大校友在香港生活、工作，"深大系"已经成为爱国爱港和大湾区融合的重要力量。我们正在积极筹划建立香港校区，为促进内地与香港高等教育双向交流互动，推动大湾区高等教育协同创新与融合发展提供深大方案。目前，这份"凭港出海"的蓝图已经得到两地教育主管部门及香港社会的积极响应，参加今年"两会"报道的媒体高管发朋友圈评论："这是划时代的事件。"建校38年，深大与国家战略、城市发展同心同向、同频共振。为党育人，为国育才，造就自立、自律、自强的一代新人是我们始终不忘的初心使命，也是一所"双非"高校超越一时得失的定力所在。一所大学可以有成百上千项使命职能，排在第一位的永远是育人！如果疏离了育人使命，其他所有职能都不具备独立存在的价值。你们所能企及的人生境界就是大学存在的终极意义！

同学们，母校虽然不能给你们贴上几个流行的标签，但从你们收到录取通知书的那一刻起，从"深大盒子"到这场荔园盛典；从每一堂课、每一场讲座、每一个学科竞赛、每一波社团活动、每一项志愿服务中都贯穿着这所大学在"百年树人"这件事情上诚心诚意、锲而不舍地思考和坚守；从不断创新人才培养模式、全面提升学科建设水平到国内外各种评价体系中的飞速跃升，从建校之初为百业待兴的经济特区培养建设者到今天为"双区"发展国家战略提供人才支撑和智力引擎，这所大学走过的路正是"中国道路"和"深圳奇迹"的生动力证，38年脚踏实地、自强不息的办学探索，践行着30多万人对于"国之大者"的深刻认知和郑重承诺。从这个意义上来看，任何实力之外的标签都是青铜伪装王者般的苍白无力，如果一定要让我们在众多斜杠中选择一个作为我们的签名状态，那就是三个字：深大人！

同学们，每当周期性的压力到来时，母校何尝没有"躺平"的冲动。用历史的长焦观察，许多当时我们认定的"大件事"，或许只是长河浩荡中几朵内卷的小浪花。征途上的风景、过客、掌声和嘘声都如《大风吹》所唱："爱恨不过是一瞬间，红尘里飘摇。""两岸猿声啼不住，轻舟已过万重山"，办学如是，人生如是，韧性就是最精准的定盘星。

韧性是一种人竞天择的文明耐力。"物竞天择"是丛林法则，奉行弱肉强食，"人竞天择"是文明演进，笃信"人"的价值。经济发展、政治治理、科技进步、文化繁荣、社会变革都要以人类生活是否因此更加美好为终极尺度。中华五千年文明大河奔腾，生生不息，所依傍的正是这份韧性和耐力。

中国工程院院士、我校土木与交通工程学院院长陈湘生老师是我国著名的"地下工作者"，我们这座城市每一条地下轨道的建设运营都凝聚着陈院士的智慧和心血，他的志向不仅是为城市通勤增效提供解决方案，而是要用技术的力量重塑这座超大型城市的时空体验。近年来，他把主要的研究精力投入韧性城市建设中，致力在基础设施、人居环境、社会治理和生命线安全等领域增强城市韧性。

人们常说"多难兴邦"，事实上"一难丧邦"甚至"一难灭种"的现象无论是在自然界还是在文明史上都不鲜见。每一次苦难过后的不悻前驱都是物种和文明延续的努力，这是"满满的求生欲"，更是坚韧的求生力。延续越久，经历的沧桑越多；经历多了，挺过来了，也就延续下去了。这个奋争的轨迹，就是天演论，就是文明史。好莱坞的科幻电影中经常出现一部分人在地球毁灭之时逃去其他星球的桥段，而中国的电影中却出现了"带着地球逃离太阳系"的动人想象。《流浪地球》中"带球跑"的方案集中体现了中国人对故土的依恋，对我们共同参与创造的人类文明的眷恋，以及对每一个存在并奋斗着的个体生命的深深爱恋。我们所有的爱恨都纠结在这个美丽的蓝色星球上，什么是快乐星球？你脚下就是。或许这就是中国方案的精神底色：我们可以什么都没有，只要有人。我想，这就是中华的胸怀，这就是世界上唯一一个绵延不断的文明，古老蓬勃，坚韧不拔，耐力非凡。

同学们，文明的盛衰不受霸权左右，只由耐力决定。纵览环顾，中华文明恰恰是人类文明接力奋斗的长跑冠军。身处"两个一百年"交汇的历史方位和"世界百年未有之大变局"，你们躬逢其盛也压力山大，"90后""00后"的你们选择在这个章节，以如此急迫而壮丽的方式登上时代舞台，尽管有些仓促，毕竟风采照人。期待你们"用青春的臂膀扛起如山的责任"，韧性将为你们一往无前提供充盈动力。

元气充沛的生命活力，初志不改的处世定力，人竞天择的文明耐力就是我理解的"韧性"。一个人，一所大学，一座城市，一个国家，一个物种，一种文明，乃至于大千世界，日月星辰都要面临这样的韧性考验。

前几天在网上看到马化腾校友的一句话对我刺激很大，大意是：其实你也没做错什么，唯一的错就是你太老了。经常要卑微地向自己的孩子请教"你们喜欢听什么歌，玩什么游戏？"然后得到的回应是孩子们把交流的主场由老中青云集的微信搬回只有他们扎堆的QQ。作为师长，虽然不能代替你们做决策，更不能代替你们检验生活的韧性，但我们还是想尽可能地贴近你们、了解你们、理解你们、支持你们……尽管我们终究不是你们，但这是我们的工作，更是我们的生活，我们乐此不疲。

全体2021届同学们，临别的嘱托来自《亲爱的旅人》。生命无限渺小也无限恢宏，你灵魂深处，总要有这样一个地方，永远在海面飘荡，永远在空中飞扬，永远轻盈，永远滚烫，永远不会沉降！再见了同学们，母校祝你们永远"韧性"！

实战演练

1. 请以"我的大学生活"为题撰写一篇演讲稿。
2. 谈谈你对以下几种开场白的看法。

"大家让我来讲几句，本来我不想讲，一定要讲就讲吧。"

"同志们，我没什么准备，实在说不出什么。既然让我讲，只好随便讲点，说错了请大家原谅。"

"同志们，这几天实在太忙，始终抽不出时间，加上身体欠安，恐怕讲不好，请大家原谅。"

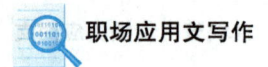

3．谈谈你对以下几种结束语的看法。

美国独立战争前夕，斐特瑞克·亨利在弗吉尼亚议会上发表演讲，最后他激动地说："在这场斗争中，我不知道别人会如何行事，至于我，不自由，毋宁死！"听了他的演讲，议员们群情激愤，立刻站起来高喊："拿起武器！"以后，这充满激情的富有鼓动性的话，竟成为一句激励人们斗志的战斗口号。

在第二次世界大战中，戴高乐在英国伦敦向法国人民发表了《反法西斯战争演讲》，最后，他说："无论发生什么情况，法西斯抵抗的火焰决不应该熄灭，也绝不会熄灭。"

郭沫若在《科学的春天》中是这样结尾的："春分刚刚过去，清明即将到来。'日出江花红似火，春来江水绿如蓝。'这是革命的春天，这是人民的春天，这是科学的春天！让我们张开双臂，热烈拥抱这个科学的春天吧！"

4．学校准备举办"你为明天准备了什么"演讲比赛，请你撰写一篇演讲稿。

5．请你以"我对当前一种社会现象的看法"为题，发表即兴演讲。

5.3 广告文案

情境导入

小张近期刚刚进入一家广告公司实习,恰逢某房地产开发公司上门洽谈即将开盘的楼盘广告业务,他们准备在省内各大报刊进行楼盘推介,希望广告公司可以为他们制作一则广告,公司代理了这项业务。

思考:
1. 请列举你最熟悉的 5 则广告,说说它们的特点。
2. 请你为该房地产公司撰写一则广告词(广告文案),并提供一条广告标语(口号)。

训练指导

一、广告文案的含义

广告是广告发布者为了满足某种特定需要,实现某种特定目标,利用大众传播媒介,通过文字、声音、图像等表现形式,公开、广泛地向消费者传递产品、服务、观念等信息的一种宣传手段。广告有广义和狭义之分。广义的广告除指经济广告外,还包括非经济广告,如公益广告;狭义的广告仅指经济广告,如商业广告。广告的内容主要由文字和画面两部分组成,其中文字部分就是广告的文案。广告文案是广告策划者按照广告主的意图和广告的目标要求,以文字的形式将广告主题和创意表达出来所形成的一种文本。

广告文案也有广义和狭义之分。广义的广告文案,也称广告稿、广告表现,其内容包括广告作品的全部,如广告文字、绘画、图片、布局等,又如印刷广告文案,除文字外,也包括色彩、绘画、图片、装饰等;狭义的广告文案,仅指广告作品中的语言文字部分。本节所讲的广告文案,就是指狭义的广告文案,即用以表现广告主题的语言文字,不包括绘画、图片等。

二、广告文案的种类

广告文案是广告的重要组成部分,是广告主题、创意和灵魂的集中体现和文字表述。

有什么样的广告，就会有什么样的广告文案。因此，广告文案的类型与广告基本一致，从不同角度大体可划分为下面 4 种情况。

（1）从广告媒体的传播方式角度，可分为印刷广告文案、广播广告文案、电视广告文案、互联网广告文案和其他广告（手机、橱窗、路牌、霓虹灯、灯箱、包装等）文案。

（2）从广告涉及的题材内容角度，可分为企业广告文案、产品广告文案、服务广告文案、公益广告文案等。

（3）从广告文案的篇幅长短角度，可分为长文案和短文案。应该说，文案的长短在字数上不应有严格的界限，但通常认为超过 400 字的文案属于长文案，400 字以内的文案属于短文案。

（4）从广告文案的组合关系角度，可分为单篇文案和系列文案。单篇文案是一篇独立完整的广告文案；系列文案则是由广告信息相同或紧密相关的两个以上的单篇文案构成统一系列的大型广告文案。

三、广告文案的特点

广告文案具有以下几个特点。

（一）目的性

广告文案撰写的目的是促使消费者购买广告产品或改变某种观念，为企业、产品等树立某种形象。无论是商业性广告还是公益性广告，都是为达到某种目的，实现某种价值而发布的。对企业广告、产品广告、服务广告等商业性广告而言，其最终目的都是实现广告产品、服务的销售增长，获得更多利润。因此，商业性原则是商业性广告文案撰写的根本原则。公益广告是由政府部门、社会公共机构、企业、媒体等单位、团体或组织发布的不以自身赢利为目的的，而是以为公众谋利益、提高福利待遇，改善社会风尚等为目的的广告。特别是企业或社会团体可以通过公益广告向消费者表明，它追求的不仅仅是从经营中获利，而是在关注和解决社会、环境等公共问题的过程中承担更多的社会功能和责任，进而提升自身形象。当然，目的性原则更多地以含蓄蕴藉、充满艺术感染力的方式，而不是以直露的方式体现在广告文案中。这有助于目标消费者在欣赏广告、被诱导的过程中接受其中的商业信息或有益的社会观念。实现广告的商业性或公益性目标，意味着广告不是纯艺术作品，而是借艺术表现传达商业信息或社会观念的载体。因此，作为广告重要组成部分的广告文案，同样体现出了鲜明的目的性。

（二）真实性

广告所传递的信息必须真实可靠，广告文案撰写应当建立在对广告信息进行客观、真实反映的基础上。否则无论其文字表述如何生动形象，其宣传效果在短期内如何有效，从长远来看，都不是成功的广告，最终将断送广告产品品牌的生命力。广告文案的真实性主要体现在对广告产品本身的品质、功能、用途、使用方法等的如实介绍上，不能主观夸大或随意隐瞒，不能违反相关的广告管理法律法规。

（三）原创性

广告文案写作追求新、奇、特，即立意新、表现奇、方法特，使消费者产生新鲜感和好奇心。这就要求广告文案具有原创性，切忌模仿、抄袭。由于市场饱和，竞争加剧，广告信息量增大，要使广告产品在目标市场中处于有利地位，除加大广告投入外，还应增强广告表现的吸引力和说服力，满足消费者追新逐奇的心理需求，激起消费者的消费欲望，而模仿抄袭之作因缺乏生命力将没有出路。

（四）艺术性

优秀的广告一般具有非常强的艺术感染力。广告文案在强调真实性的基础上，还需要运用生动活泼、形象感人的语言文字，烘托气氛，传递情感；在关注目标消费者利益点的同时，应重视"承诺"的接受程度和方式。由于消费者在接受大量刚性的科技信息的同时，希望得到更多的感性信息和审美享受，广告文案的艺术性有助于增强广告信息传播的影响力和感染力，取得更加深刻、持久的宣传效果，因此，艺术性在广告文案写作中显得越来越重要。

（五）统一性

广告文案是广告的语言文字部分，并不是广告的全部，因此，写作时需要注意与广告其他部分的协调、搭配、融合，使之构成统一的整体，力求产生综合的强有力的宣传效果。广告文案与插图、色彩、结构等元素关系密切。不同媒体中各元素的组合比例虽有不同，但都强调发挥相应的媒体优势，准确、清晰、有效地传达广告信息。这就要避免广告文案与其他广告元素各自为战或相互矛盾，影响广告的宣传效果，甚至损害广告产品的品牌形象。

此外，广告文案撰写还有其他一些特点，如灵活性、实效性、媒体制约性等。广告文案只是广告整体的一部分，根据需要可多可少，可有可无，在选择上具有灵活性；广告文案是根据广告主的战略需要或现实需要而撰写的，讲究的是实效性；广告文案的撰写受到媒体形式的制约，要根据不同媒体的特点，扬长避短，充分发挥媒体各自的优势。

四、广告文案的作用

广告文案具有以下几个作用。

（一）体现广告创意，表现广告主题

广告文案体现广告创意的核心内容，紧紧围绕广告主题展开文字表述。

（二）激活广告画面，凸显内容主旨

在各类广告中，文字常与一定的画面相伴随或与一定的色彩相搭配，因此，广告文案往往通过画龙点睛、以文带图的方式起着激活广告画面、凸显内容主旨的作用。

（三）传达广告意图，满足消费诉求

广告文案通过传达广告意图，满足目标消费者的消费诉求，最终实现广告主的特定目标。

（四）塑造企业形象，树立产品品牌

优秀的广告和广告文案能够达到塑造企业形象和树立产品品牌的目的。

五、广告文案的结构

一个完整的广告文案通常由标题、正文、广告标语和随文（也称附文）4个部分组成。其中，广告的正文、随文是基本部分。不同媒体的广告文案其构成也有所不同。例如，霓虹灯广告的结构是标题与正文的合一；路牌广告、交通广告的内容以图为主，文字部分非常精练，有时甚至标题、正文、标语合一；电视广告和广播广告则有自身的特点，一般没有标题；印刷广告的各个组成部分则比较齐全。

（一）标题

标题是广告文案乃至整个广告作品的总题目，是对广告文案内容的高度概括，是广告主题最直接的反映。广告标题将广告中最重要、最具吸引力的信息进行富于创意性的表达，诱导消费者阅读正文，对能否获得理想的广告效果往往起着关键作用。

1. 按内容与组合方式分

根据内容与组合方式的不同，广告标题可分为3种不同的类型，如直接式标题、间接式标题和复合式标题。

（1）直接式标题。

通过写实、简明、确切的文字直接表明广告的主要内容，消费者只看标题就能了解广告的主要信息。这类标题往往以产品名称、企业名称或活动名称来命名，如"喝汇源果汁，走健康之路"（汇源果汁）。

（2）间接式标题。

与直接式标题不同，间接式标题并不包含广告的主要信息，不直接表明广告主题，而是以间接、迂回、耐人寻味的语句诱导消费者阅读正文，来了解其中的真意，如"没有陌生人的世界"（佐丹奴）。

（3）复合式标题。

当标题内容较多时，经常采用复合式标题。一个完整的复合式标题通常由引题（也称眉题、肩题）、正题（也称主题、主标题）和副题（也称副标题）3种标题组成。引题的作用是交代背景、烘托气氛、引出正题、点明广告信息的意义等；正题是主要标题，用来传达最重要的广告信息；副题一般是对正题的补充和说明。根据标题内容的具体情况，复合式标题的构成可以有所变化，如只由其中两种标题组成（引题与正题，正题与副题）或由一个正题与两个副题组成。复合式标题实际上是一个标题群，兼具直接式标题和间接式标题的双重优势，在使消费者对广告的主要信息一目了然的同时，可诱发其对正文的阅读兴趣，如某大型百货公司在国庆节前刊登报纸广告，其标题如下：

"热烈庆祝中华人民共和国成立60周年"（引题）

"拓展经营领域，服务千家万户，促进百货流通"（正题）

"——我公司从10月1日起，在所属零售商店分别实行下列服务项目"（副题）

2. 按表现形式分

按照表现形式的不同，广告标题可分为以下多种不同的类型，如直述式标题、新闻式标题、提问式标题、祈求式标题、慰问式标题、号召式标题、对比式标题、悬念式标题、诱导式标题、抒情式标题、承诺式标题、幽默式标题等。

（1）直述式标题。

将产品名称、服务名称、企业名称等最重要的广告信息直接告知消费者，或将产品的优点、产品带给消费者的好处等直接表述出来，如"尽享贵宾礼遇，尽在法国航空"（法国航空公司）。

（2）新闻式标题（也称报道式标题）。

当发生新产品上市、新企业落成、产品牌号变更等新的市场情况，或有新知识、新信息需要让消费者了解时，通常采用新闻报道的写法，力求给消费者带来一种新鲜感，迎合消费者对新的产品或市场信息的心理需求，如"前所未有 因为之前所有——全新S级轿车耀世新生"（梅赛德斯—奔驰S级新款轿车广告）。

（3）提问式标题。

以设问、反问的方式向消费者提出跟产品有关的问题，引起消费者的注意和思考，激发消费者的消费欲望，如"为什么订阅2020年《三联生活周刊》？"（《三联生活周刊》）。

（4）祈求式标题（也称建议式标题）。

以劝导、叮咛、希望、请求等委婉语气说服消费者采取相应行动，如"欢迎订阅2020年《中国培训》"。

（5）慰问式标题。

通过对消费者表示祝贺、问候，向消费者致意等方式宣传自己的产品或企业，容易引起消费者的好感，如"中国移动通信集团公司向全国人民拜年！"（中国移动）。

（6）号召式标题。

在标题中提出企业的主张、建议，号召消费者从速购买，如"星期五——买葡萄酒的日子"（日本三得利广告），"存货有限，欲购从速"等。

（7）对比式标题。

通过对比突出产品或服务的独特优势，使消费者加深印象，如"金锁、银锁、铁锁，不如参加保险可靠"（中国人民保险公司）。

（8）悬念式标题。

通过设置悬念，让消费者产生疑惑，在好奇心的驱使下边读正文，边思考，最终对广告留下深刻印象，如"从12月23日起，大西洋将缩短20%"（某航空公司投入某新型飞机时的广告）。

（9）诱导式标题。

采用循循善诱的方式吸引消费者，使其对产品产生兴趣，如"要想皮肤好，早晚用大宝"（大宝）。

（10）抒情式标题。

运用富有感染力的抒情语言打动消费者的心灵，给消费者留下挥之不去的印象，如"煤，源于绿色，也应归于绿色，溶进洁净的天空"（壳牌）。

（11）承诺式标题。

给消费者一个明确的承诺，使其因自身的利益需求将得到满足而生出消费欲望，如"我们的科学，你的家"（金地集团）。

（12）幽默式标题。

采用幽默、诙谐的方式拉近与消费者的距离，将广告信息巧妙地融入其中，使消费者以轻松、愉悦的心态阅读正文、记住产品，如"不要太潇洒！"（杉杉西服）。

（二）正文

正文是广告文案最重要的组成部分，是对广告标题的阐释和对广告产品的介绍。广告主题和创意、广告基本内容主要通过正文来表现。

1. 正文的结构

广告正文通常由开头、主体和结尾3个部分构成。

（1）开头。开头是标题与正文的衔接部分，起着承上启下的作用，因此，需要以高度精练的语言，迅速、生动地点明标题，引出下文，吸引消费者继续阅读。

（2）主体。主体是正文的核心部分，也是整个广告文案的中心，起着论证广告主题、提供支撑论据的重要作用。主体部分要根据广告目标和要求，阐述产品的基本情况、品质、优点等，点出目标对象关心的利益点，阐明广告产品特点与目标对象利益点之间的关系，介绍对消费者的保证措施等，以此来说服消费者采取购买行动。

（3）结尾。结尾是广告正文的结束部分，主要作用是用恰当的语言进一步说服目标消费者及时采取行动，同时点明主题，呼应标题。结尾一般较短，但意义重大。语气肯定、富于煽动性的结尾，与广告标题相呼应，可大大提高广告效果。例如，法国航空公司的广告词：

（开头）无论在机场登记柜台还是售票处您都可感受到法航的贵宾礼遇。（主体）航行中每位旅客都可享受周到的中文翻译服务，品尝优雅香槟赠饮，任选中西精馔美食，更可欣赏全中文电影、报纸及杂志。抵达巴黎戴高乐机场，将有华语接待员竭诚为您服务，让旅程更加顺畅自如。（结尾）如此尊贵享受尽在法国航空。（《尽享贵宾礼遇 尽在法国航空》）

2. 正文的类型和写法

广告正文的撰写没有固定格式，可以根据具体情况选择不同的撰写方法，以将正文写得生动、形象、有趣，吸引消费者阅读，采取购买行动为准则。然而为了便于认识、分析正文的撰写方法，把握广告文案撰写规律，按照表现策略的不同，广告正文一般可分为理智型、情感型和情理结合型3种文体类型。每种类型又根据语体、风格、手法等的不同，细分为若干体式。

（1）理智型。

理智型广告文案以提出确凿的事实和证据为手段，以阐述产品、服务的优点、特色为重点，注重以理服人，让消费者用理智做出判断和选择，主要包括陈述体、新闻体、布告体、对话体、说明体、论说体、证明体等。

- 陈述体。以陈述、诉说为主要表达方式，直接、客观地阐述广告产品的功能特性，适用于工业用品、日用消费品等广告。
- 新闻体。为引起消费者注意，以新闻形式刊登广告，适用于宣传新产品、新活动等。
- 布告体。用启事、海报、声明、通知等形式写成的广告，如开业、招生、招聘、征稿启事和业务声明。
- 对话体。通过两个或几个人一问一答的对话形式，宣传产品、服务项目，适用于生产资料产品、日用消费品、药品等广告。
- 说明体。以说明为主要表达方式，传递产品或服务的性质、特点、形态、内容、成因、功用等信息，并对其进行解释、说明，使消费者认识该产品或服务，了解其使用方法或服务项目，适用于生产资料产品、药品、保健品、高档耐用消费品、化妆品、美容服务等广告。
- 论说体。以议论、说理为主要表达方式，通过概念、判断、推理的逻辑思维形式，运用多种论证方法，直接阐述事理，传播信息。在实际运用中，表达方式以论证为主，兼用说明、叙述、描写等方式，来增强广告的吸引力和说服力。论说体广告多适用于报纸、杂志、广播等媒体。
- 证明体。以证明、证言为主要表达方式，借助"权威"或"著名"人士的鉴定、评语，典型消费者的见证、赞扬，以及荣誉称号、获奖情况、典型事例来证明广告内容的真实性、可信度。证明体常用于家庭用品、名牌家电、高档名酒、名贵药品、高档化妆品等广告。

（2）情感型。

情感型广告文案以消费者的感情世界、情绪体验、审美感受、道德感、群体感等情感心理为诉求重点，以景色协调、情调渲染、氛围烘托的方式和富有人情味的语言，来诱发消费者的情感或情绪，进而影响其购买行为。情感型广告文案主要包括描述体、抒情体、书信体、故事体、文艺体、谐趣体等。

- 描述体。以描写、叙述为主要表达方式，通过生动细腻的描绘、刻画，激发欲望、渲染情绪，促使消费者采取购买行动。
- 抒情体。以抒发情感为主要表达方式，但又不同于文学作品，它是在介绍产品、服务事实的基础上抒情的，多用生动形象的语言，自我化、诗情化地描写，使消费者内心产生情感共鸣和心理认同。
- 书信体。以书信形式发布产品或服务信息，有如给朋友写信，使消费者感到亲切、自然，易于接受。具体样式除完整的书信形式外，常见的还有书信内容摘录式（通常略去开头和末尾）和消费者来信摘登等形式。
- 故事体。以讲故事的形式传递产品或服务信息，即通过精心设计的故事人物（产品使用者）和故事情节（购买和使用某产品前后出现的矛盾、难题和最后的解决方法），把枯燥乏味的广告信息融入生动有趣的人物故事中，带有微型小说的意味。
- 文艺体。通过诗歌、童话、戏剧、歌曲、顺口溜、快板、相声等各种文艺形式介绍产品或服务信息，体式新颖别致，语言生动形象，具有较强的艺术感染力和广告宣传效果。
- 谐趣体。以诙谐、幽默的语言和手法将枯燥的广告信息表现得生动、有趣，耐人寻味，充满喜剧色彩。

（3）情理结合型。

情理结合型广告文案将理性诉求和感性诉求相结合，动之以情，晓之以理，情理交融，说服消费者，兼具理智型和情感型广告文案的优势，主要适用于电视机、音响、空调、摩托车、汽车等耐用消费品和贵重产品等广告。

（三）广告标语

广告标语（口号）是广告中反复使用的一种特定商业用语，目的是向消费者宣传某种长期不变的产品观念或企业理念。广告标语以最精练的语言，对广告产品信息加以浓缩，或对广告主企业理念予以概括，或两者兼而有之。广告标语如同广告的名字，易于传播和记忆，直接为产品促销服务；是广告主企业进行宣传的重要内容，与企业品牌一道，构成企业无形资产的一部分。

广告标语和广告标题在内容表现、写作要求上有许多相似之处，例如，两者都是对广告信息的高度浓缩和概括，都以吸引消费者注意力，推销产品或服务为目的，但两者又存在明显的差别。

从内容目的来看，广告标题与正文内容紧密相关，其目的是诱导消费者继续阅读广告正文，注重即时的作用；而广告标语与正文内容关系并不紧密，其目的则是传达某种长期不变的观念，注重对消费者观念养成和品牌形象塑造的长期效果。

从表达方式来看，广告标题可以是一句话、一个词语或词组；而广告标语则必须是意义完整的一句话，要能够表达一个明确完整的概念。

从出现位置来看，广告标题一般出现在平面广告最醒目的位置和广播电视广告的开头；而广告标语在平面广告中的位置则比较灵活，既可以单独使用，也可以放在平面广告中的任何地方，一般出现在下半部分。

从使用范围、时间来看，广告标题只在一则具体文案中使用，是暂时的、短效的；而广告标语则适用于任何媒体、形式的广告，是长期的、长效的。

1. 标语的类型

广告标语的划分方法有多种，如按标语的宣传对象可分为产品形象标语、服务形象标语、企业形象标语、品牌形象标语等不同类型；按标语的外部形式可分为单句式和对句式；按标语的内容和撰写方法可分为颂扬型、号召型、情感型、风趣型、标题型、综合型等。这里着重介绍第三种划分方法。

（1）颂扬型。

以直接陈述的方式称赞产品、服务的特征、优点，加深消费者印象，如"味道好极了"（雀巢咖啡），"头屑去无踪，秀发更出众"（海飞丝）。

（2）号召型。

用富有宣传鼓动性的语句，激起消费者的消费欲望，号召其采取购买行动，如"请喝可口可乐吧"（可口可乐），"只要您拥有春兰空调，春天将永远陪伴着您"（春兰空调）。

（3）情感型。

以感性语句温暖人心，用真挚的情感打动消费者，使广告信息带给消费者一种贴心的感受，如"海尔，真诚到永远"（海尔电器）。

（4）风趣型。

用幽默风趣、充满人情味的语句宣传产品的优点，使消费者在轻松、微笑中不自觉地接收广告信息，如"臭名远扬，香飘万里"（某臭豆腐广告）。

（5）标题型。

将广告标语放在广告标题的位置，起到代替广告标题的作用，如中国建设银行的广告，只有"中国建设银行，建设现代生活"一条标语放在广告里，没有再写标题。

（6）综合型。

将两种以上标语的特征综合起来，强化为一种整体性的宣传效果。例如，美加净生发灵广告标语——"聪明不必绝顶"，其综合了颂扬型和风趣型的优势，把产品性能与幽默色彩结合在一起，使人印象深刻。

2. 标语的撰写方法

（1）口语法。

借助广告人物口语化的表达，将产品的优点、使用产品的体验等直接传递给消费者，如"牙好，胃口就好，身体倍儿棒，吃嘛嘛香"（蓝天六必治牙膏），"要想皮肤好，早晚用大宝"（大宝）。

（2）诗语法。

运用诗化语言产生的象征意义、意境美、流畅语感等艺术效果，使消费者在获得审美享受的过程中记住产品信息，如"钻石恒久远，一颗永流传"（戴比尔斯钻石）。

（3）活用法。

灵活运用成语、俗语等固定词语，使消费者感到熟悉而又新鲜，留下深刻印象，如"聊天动手不动口"（诺基亚3310）。

（4）仿词法。

仿照某个词的构词方式创制新词，使消费者耳目一新，如"省优，部优，葛优"（双汇火腿肠）。

（5）夸张法。

运用夸张法将产品使用效果、企业实力等凸显出来，给消费者留下深刻印象，如"除了钞票，承印一切"（法国某印刷厂）。

（6）比喻法。

运用比喻的修辞手法把产品特征、优点形象鲜明地展示出来，增强消费者的直观感受，如"牛奶香浓，丝般感受"（德芙巧克力）。

（7）对仗法。

采用对仗法将产品名称、特色等信息嵌入其中，扩大标语的内容含量，易于记诵，如"坐红旗车，走中国路"（红旗轿车），"喝孔府宴酒，做天下文章"（孔府宴酒）。

（8）排比法。

运用排比法，增强标语内在气势，强化广告信息传播力度，如"共创美的前程，共度美的人生"（美的电器）。

（9）双关法。

采用语意或语音双关法，扩大信息含量，增强语言张力和幽默色彩，使消费者印象深刻，如"做女人'挺'好！"（三源美乳霜），"我的眼里只有'你'"（娃哈哈纯净水），"步步为'赢'（营）"（李宁牌运动鞋）。

（10）回环法。

运用词语回环法，在前后句文字不变的同时，颠倒文字顺序，生发新的含义，也有利于加深印象，如"万家乐，乐万家"（万家乐电器），"现代技术，技术现代"（韩国现代集团）。

（11）对比法。

运用前后句对比、衬托法，使消费者加深对广告信息的理解和记忆程度，如"我只爱一个男人,我只用一种香水"(某法国香水)。

(12)顶针法。

运用顶针法将前后两句连为一体,自然流畅,朗朗上口,如"车到山前必有路,有路必有丰田车!"(丰田轿车),"加佳进家家,家家爱加佳!"(加佳牌洗衣粉)。

(13)预言法。

用道破真谛的语句写成预言或格言,具有哲理意味和长久的生命力,让消费者在感悟中铭记,如"健康成就未来"(海王集团),"实力创造价值"(CCTV)。

(四)随文

广告随文,一般位于正文之后,因此也称附文、尾文。随文是广告文案中的附属文字部分,是对广告正文进一步的补充和说明。随文主要由以下几个部分构成。

(1)产品名称。

(2)企业名称。

(3)产品标志或企业标志。

(4)企业地址、电话、传真号码、邮编、联系人、网址、银行账号。

(5)产品价格、经销商、经销地址、咨询电话。

(6)购买产品或获得服务的途径和方式。

(7)权威机构证明标识。

(8)特殊信息:奖励或赠送的品种、数量、方法等。

(9)消费者反馈信息表。

(10)其他需要说明的内容。

随文是广告文案的组成部分,具有宣传品牌、推销产品的重要作用。一则广告一般不会将上述内容全部列出,会根据广告目标、媒体特点等有选择地使用。

六、广告文案的撰写要求

广告文案的撰写,同一般文章的撰写不同。它并不追求华丽的文字,也不完全要求成为消费者鉴赏的对象。广告文案要服从广告传播活动的总体目标,符合广告总体设计的要求,能够在瞬间形成强烈的刺激,引起消费者的关注,使消费者认知、感觉,产生浓厚的兴趣,留下深刻的印象,并能具有强烈的号召力,促使消费者采取一定的购买行动。

(一)引起注意

生活在当代社会,人们每天都要接触大量信息,会受到各种广告信息的刺激。一则广告能否被消费者注意到,是广告效果能否实现的关键。因此,首先要能抓住消费者的眼睛和耳朵。

（二）唤起兴趣

对目标消费者进行有针对性的了解，从他们的生理需求和社会需求出发，调动其情感等。为达到这一要求，必须明确广告的传播对象，了解其有什么样的需求。

（三）刺激欲望

通过文字的表述，能够使消费者从喜爱某产品，发展到产生购买此产品的欲望。要注意突出产品的特质，表明能给消费者带来的实际利益和好处等，进行诱导。

（四）加强记忆

要能让消费者记住广告的内容，广告文案应简练、易懂、有节奏，特别是广告标题、广告口号、产品和企业名称等，要突出、醒目。也可设置悬念、促使联想、进行多重刺激，以加深消费者的印象。

（五）促成购买行动

广告的目的之一是促使消费者能尽快采取购买行动。所以，广告文案中也要注意含有促销的内容，如能享受优惠、得到赠品等。

七、广告文案的语言要求

广告文案的语言要求包括以下几个方面。

（一）准确、简洁

语意准确，不要引起消费者误解，不使用模棱两可、含糊不清的虚拟语气。同时，广告文案还必须简洁，以最少的词汇传递出最多的真实信息，做到"言出意达""言简意赅"。例如：

上上下下的享受——三菱电梯

味道好极了——雀巢咖啡

"味道好极了"是人们最熟悉的一句广告语，也是人们最喜欢的一句广告语。简单而又意味深远，朗朗上口。因为人们发自内心的感受可以脱口而出，正是其经典所在。以至雀巢咖啡以重金在全球征集新广告语时，发现没有比这句更经典的了，所以就永久地保留了它。

（二）生动、新颖

美国广告专家威廉·彭立克认为："广告文案最重要的就是'新鲜'与'独特'。"新鲜、独特的广告，可以使消费者产生美好的情绪和强烈的购买欲望，如何才能使广告语言生动、新颖呢？答案是采用各种修辞手法。例如：

  实不相瞒，天仙的名气是吹出来的。——"天仙"电风扇
  除妈妈以外，最爱护我的就是强生。——强生婴儿护肤品
  长城电扇，电扇长城。——长城电风扇
  皮张之厚无以复加，利润之薄无以复减。——上海鹤鸣皮鞋

（三）通俗、易记

  大卫·奥格威在《一个广告人的自白》中指出："广告中任何文学痕迹，都可能是妨碍广告成功的致命因素。文案撰稿人可能不那么有诗情，文字也不那么高深奥妙，他们必须使人了解，一则好的广告和戏剧、演讲都有这样一个共同点：它使人一看便知、一听便晓，直接打动人心。"他所说的，正是广告语言的通俗性特点。

  广告是一种最典型的雅俗共赏的通俗文化，广告的语言不要过于庄重、修饰太多，要大量使用一些通俗化、大众化的日常用语、口语等，便于记忆和传播。尽量不要使用那些艰深晦涩的词语和专业性极强的术语、行语。

  通俗上口的广告用语多采用诗歌、快板、对联、顺口溜等表现形式。另外，格言、警句、成语、谐音、双关等，也上口易记。例如：

  高朋满座喜相逢，酒逢知己古井贡。——古井贡酒
  平时注入一滴水，难时拥有太平洋。——太平洋保险
  古有千里马，今有日产车。——日产汽车
  晚报不晚报。——《北京晚报》
  只有想不到，没有淘不到。——淘宝网

示例 5.3

例 1

这辆新型劳斯莱斯汽车在时速 60 英里时，最大闹声是来自电子钟的
——什么原因使劳斯莱斯成为世界上最好的汽车

  一位知名的劳斯莱斯工程师说："说穿了，根本没有什么真正的戏法——我们只不过是耐心地注意到细节了。"

  1.《行车技术》主编报告："在时速60英里时，最大闹声是来自电子钟的。引擎是出奇的寂静。3个消音装置使声音的频率在听觉上被拔掉了。"

  2. 每个引擎都在安装前以最大的气门开足 7 小时，每辆汽车都在各种不同的路面上试车数百英里。

  3. 劳斯莱斯是为车主自己驾驶而设计的，比国内制造的最大型车小 18 英寸。

  4. 有机动方向盘，机动刹车及自动排挡，极易驾驶与停车。

5. 除驾驶速度计外，车身与底盘之间互相无金属衔接。整个车身都加以封闭绝缘。

6. 完成的汽车要在最后测试，必定经过一个星期的精密调整。

7. 劳斯莱斯承诺质保3年。从东岸到西岸的经销网零件站，使售后服务不再有任何麻烦。

8. 著名的劳斯莱斯引擎冷却器除1933年亨利·莱斯去世时把红色的姓名第一个字母RR改为黑色外，从来没有人更改过别的地方。

9. 汽车车身设计制造，在全部14层油漆完成之前，先涂5层底漆，然后每次都需要人工磨光。

10. 移动方向盘柱上的开关，你就能够调整减震器以适应路面状况。

11. 后车窗有除霜开关，控制着由1360条看不见的玻璃中的热线网。备有两套通风系统，可以在车内随意关闭全部车窗来调节空气以求舒适。

12. 座位垫面由8张英国牛皮制成。

13. 镶贴胡桃木的野餐桌，可从仪器板下拉出，有两个座可以从前座扣后旋转出来。

14. 你可以有以下随意的选择：做浓咖啡的装置、电话自动记录器、床等。

15. 通过驾驶座下的橡板，可以使整个车盘加上润滑油，并可指示出曲轴箱中机油的存量。

16. 汽油消耗量低。

17. 有两种不同传统的机动刹车：水力制动器与机械制动器，非常安全灵活。

18. 劳斯莱斯的工程师会定期访问检修汽车的车主，以便提供服务。

19. 班特利是劳斯莱斯所造。除引擎冷却器外完全一样。因其引擎冷却器制造较为简单，所以便宜300美元。对驾驶劳斯莱斯感觉没有信心的人士可购买一辆班特利。

价格：在主要港口岸边交货——13 550美元。

假如你想得到驾驶劳斯莱斯或班特利的愉快经验，请与我们的经销商联系。他的名字写于本页底端。

劳斯莱斯公司纽约洛克菲勒广场10号。

评析：这是一则经典的理性广告文案。虽然广告字数较多，但读起来毫不费劲儿，这是因为奥格威在文案中向消费者提供了大量真实可信的事实，采用分点的方式从19个方面介绍劳斯莱斯汽车，段落间断，阅读起来没有视觉压力。

标题设置悬念，提供最主要的事实：在时速60英里时，最大闹声是来自电子钟的；内文在对标题进行承接和解释之后展开介绍产品的其他技术指标；运用大量的数字，让文案内容显得真实可信。消费者在阅读过程中，一步步地认同劳斯莱斯汽车的品质，自然而然地接受"劳斯莱斯是世界上最好的汽车"的概念。

例2

荷花牌涤棉蚊帐的广告词：

如烟如雾，玉洁冰清，飘飘然使你如入仙境，甜蜜蜜伴君美梦。

借问蓬莱何处寻？就在那"荷花"帐中。

评析：这是一则感性诉求文案，抓住消费者的情感需要增加产品的心理附加值。

例3

珑珀楼盘广告文案：

临江金脉，领启老城复兴

两岸新贵赣江大宅

"一江两岸"吸附顶级资源齐赴江畔，盛景已现；

"西湖建设"催动千亿发展利好，复兴正当时；

铭威珑珀，先处西湖区新老城交汇纽带，又立临江金脉，兼得共享城市两大发展战略……

新城建可再建，老城金地且临江，却不再生，寸土又何止寸金！

珑珀252米精装大平层敬候品鉴

评析：这一则广告案例情理结合，抓住了消费者的消费行为的典型特征，将消费者所关心的内容不留痕迹地融入流畅的诉求中，读来不仅不会产生累赘感，而且还对楼盘的性能、功能、定位起到了良好的宣传作用。

例4

美菱冰箱广告：

标题：新鲜服务　美菱快一步

正文：新世纪，新美菱，新生活！

新鲜的美菱向您郑重承诺："新鲜服务　美菱快一步"的新服务理念，理念以新鲜的服务内容和崭新的服务形象让您倍感新鲜美菱的无穷魅力！为止，我们以"更新、更快、更人性化"为服务宗旨，奉献给您的将是一次次优质、快捷、专业的满意服务。

广告语：精确每一度　新鲜每一处

　　　　新鲜的　美菱的

评析：正文对标题进行了补充说明，对消费者进行了承诺，达到进一步说服的目的。

例5

海王牛初乳（人参和萝卜篇）平面广告文案：

如果将它们做比较，你觉得可笑吗？的确，它们之间除几分外表的相似之外，就再也没什么可相提并论的了？

牛初乳与牛奶同样没有可比性，奶牛每年分泌普通牛奶的时间有200多天，而分泌初乳的时间只有3天，根本的不同在于牛初乳中含有大量免疫球蛋白，免疫球蛋白是决定体质的重要指标，但这种珍贵的物质无法从牛奶等普通食品中得到。另外，牛初乳相比牛奶，它含有10倍的胰岛素样生长因子，20多倍的维生素A、维生素E、维生素D_3，5～6倍的铁，3～4倍的铜等。

评析：这一则广告通过比较说明自家产品丰富的营养成分，刺激消费者购买。

实战演练

1. 请根据下面提供的材料为佳味超市撰写一则广告。

××市佳味超市最近购进一批××食品厂生产的可口牌方便面，有麻辣味、番茄味、海鲜味等多个品种，味道鲜美，食用方便。××食品厂已有40多年的历史，产品驰名中外，供不应求。佳味超市位于××市××路××号，联系人：×××，联系电话：××××××××。

2. 修改下面这一则广告。

造中国最好的空调，创一流服务

要造中国最好的空调，需要最先进的技术和设备。××空调器厂是我国家电行业第一个运用 CIMS（计算机集成制造系统）的企业，在世界同行中也属罕有。CIMS 是中国"863"工程的项目之一，"863"工程的第一个项目，是居当今世界的尖端科技。CIMS 从产品开发到销售由两个计算机网络控制和管理，对产品质量有高精度的要求。采用 CIMS，确保了××空调的无与伦比的品质。

××冷气公司专营××空调已五年，数年的安装、调试、维修的经验，培养了一支高质量、技术精良的专业队伍，在我市同行中堪称第一。购××空调，你无需有后顾之忧。经我公司员工共同努力，2011年度获售后服务先进单位称号。

买××空调，××冷气服务更精良！

××专营店地址：××电视厅对面

电话：1390855××××

3. 分析下面这两则广告口号成功的秘诀。

（1）农夫山泉有点甜。

（2）邦迪坚信，没有愈合不了的伤口。

参考文献

[1] 杨文丰. 经济应用文书写作 [M]. 2版. 北京：高等教育出版社，2014.
[2] 杨文丰. 高职应用写作 [M]. 3版. 北京：高等教育出版社，2014.
[3] 刘锡庆，吕志敏，吴跃平. 应用写作 [M]. 2版. 北京：外语教学与研究出版社，2019.
[4] 洪威雷，岳海翔，邱相国. 行政管理应用写作 [M]. 北京：中国人民大学出版社，2011.
[5] 姜媛. 新编高职应用文写作 [M]. 天津：天津大学出版社，2011.
[6] 孟虹，张忍华. 应用文情境写作 [M]. 北京：电子工业出版社，2011.
[7] 孟庆荣. 应用文写作实训 [M]. 北京：清华大学出版社 北京交通大学出版社，2010.
[8] 黄巨龙，何劲耘. 企业应用写作 [M]. 广州：暨南大学出版社，2010.
[9] 徐中玉. 应用文写作 [M]. 3版. 北京：高等教育出版社，2007.
[10] 杨金忠，郭上玲. 应用文写作 [M]. 北京：中国轻工业出版社，2007.
[11] 刘杰，付胜. 经济文书写作与范例 [M]. 北京：人民出版社，2005.
[12] 朱悦雄. 应用写作病文评析与修改 [M]. 广州：广东高等教育出版社，2004.
[13] 苏欣. 商务应用文实训 [M]. 北京：对外经济贸易大学出版社，2004.
[14] 杨文丰. 现代应用文书写作 [M]. 5版. 北京：中国人民大学出版社，2017.
[15] 张瑞华，王开桃，黄巨龙. 当代应用写作（工程技术类专业适用）[M]. 北京：北京师范大学出版社，2013.